Jahrbuch für Liturgiewissenschaft
1924

Sonderabdruck

Aschendorffsche Verlagsbuchhandlung, Münster i. W.

1925 6,169

NF
57. 357

Notice du „Pontifical de Poitiers"
(Bibliothèque de l'Arsenal Nº 227)

par André Wilmart O. S. B. (Farnborough).

Le „Pontifical de Poitiers" doit son nom à Mabillon et à Martène. On peut le lui laisser sans grave inconvénient; même s'il apparaît, à l'analyse, que la nature du recueil ne saurait être définie exactement, ni sa provenance sûrement déterminée. A quelque catégorie qu'on le rattache — missels, rituels, pontificaux, *ordines*; pour quelque Église particulière qu'il ait été rédigé; et, j'ajoute tout de suite, quelle que soit au juste sa date, ce livre est un témoin important de l'ancienne liturgie romaine en France, à l'époque carolingienne.

Ma seule prétention est maintenant de le décrire, — d'énumerer ses diverses parties assez clairement et assez complètement pour qu'on le puisse citer, le cas échéant, sans hésiter sur sa composition et, de plus, pour qu'on soit dispensé d'en publier jamais le texte en entier. De tels ouvrages, qui sont dépourvus d'originalité en fin de compte, rendent de meilleurs services à l'érudit sous forme de tables. On obtient ainsi une vue nette de l'ensemble et toutes les comparaisons désirables deviennent possibles. Si, d'aventure, quelque portion paraît vraiment digne d'intérêt, on l'éditera à part, dégagée d'un contexte banal, cent fois reproduit. Ou bien, on réunira les variantes notables, quand il s'agira d'établir le texte critique d'une formule traditionnelle d'après la suite de ses principaux représentants.

Au reste, Martène a déjà donné des extraits de ce volume-ci, quelques-uns fort étendus. J'indiquerai chacun de ces morceaux imprimés, à sa place respective; et ces exemples feront mieux voir l'utilité des notices liturgiques où l'on cherche à recomposer, pour ainsi dire, la physionomie d'un ancien recueil.

Une dernière raison m'a décidé à choisir le manuscrit de l'Arsenal. En conséquence d'une erreur presque grossière, le catalogue officiel de cette bibliothèque, publié en 1885, a réussi à faire passer le nº 227 pour un document du VIIIe siècle[1]. Cette fausse chronologie est en train de s'accréditer, même parmi les gens compétents[2]

---

[1] *Catalogue des manuscrits de la Bibliothèque de l'Arsenal* I 118—121.

[2] Voir par exemple: P. de Puniet, *Dictionnaire d'Archéologie chrétienne et de Liturgie* II (1910) 302; G. Dreves et Cl. Blume, *Analecta Hymnica medii aevi* L (1907) 85; LI (1908) 78; LIII (1911) XXIII; M. J. Metzger, *Zwei karolingische Pontifikalien vom Oberrhein* (1914) 45.

et quoiqu'elle s'oppose aux indications réitérées de Martène, exactes en la circonstance. Il convient de remettre les choses au point sans retard. Le Pontifical dit de Poitiers n'est pas sans mérite, ainsi qu'on va le voir. Il n'a pourtant aucun droit à figurer le premier sur la liste des anciens pontificaux[3], comme s'il remontait au début ou à la première partie du règne de Charlemagne. On a vu s'évanouir, récemment, le célèbre Pontifical attribué à Prudence de Troyes[4]. Celui-ci du moins subsiste. En lui rendant sa vraie date et en consentant à le voir tel qu'il est, dans la complexité de ses parties, on ne le déprécie pas; loin de là, on gagne pour l'histoire liturgique un témoignage sincère.

Le volume lui-même donne lieu à peu de remarques. Son apparence ne cache aucun mystère; elle ne manifeste non plus aucun défaut qu'on puisse appeler accidentel. D'autre part, sa propre histoire nous échappe à peu près; nous n'en connaissons que les derniers incidents. Aussitôt, l'on arrive à la question d'âge.

Le manuscrit de l'Arsenal nº 227 (anciennement 348 T. L.) est un volume de petit format in-8⁰ (230×140), qui comprend exactement 281 feuillets, décomptés: A, B, 1—279[5]. Nous le possédons évidemment tel qu'il a été rédigé, sans lacunes. Le parchemin est une membrane épaisse et résistante, qui n'a point souffert du temps.

Au premier feuillet (A) sont notés deux *ex-libris:* celui de Jean de Launoy, docteur parisien; celui des Minimes de Paris. Le rapport de ces indications est simple. Launoy mourut en 1678 (10 mars) et fut enterré dans l'église des Minimes de la Place Royale[6]. Par testament[7], il avait attribué à ces religieux une partie de sa bibliothèque et spécialement „les Rituels de plusieurs Eglises et quelques Martyrologes tant imprimez que manuscrits . . ."[8].

Nous trouvons donc tout d'abord le livre, au XVIIᵉ siècle, entre les mains de Launoy. Comment le célèbre Navarriste se l'était-il procuré? C'est, probablement, ce que nous ignorerons toujours. Mais il est fort possible que les avatars du recueil aient commencé longtemps avant Launoy, dès le XVIᵉ siècle. En tout cas, Launoy

---

[3] M. J. Metzger, ib., nº 1.

[4] Ib. nº 4. — Voir à ce sujet *Revue Bénéd.* 34 (1922) 282—293.

[5] En réalité, il n'y a qu'un feuillet liminaire; la signature du premier cahier — q I — se trouve au *verso* du feuillet noté 7. Mais il y a, en outre, un feuillet *224 bis.*

[6] Établissement fondé en 1610 par Marie de Médicis; cf. D. Lobineau, *Histoire de la ville de Paris* II (1725) 1284 sq.

[7] A la date de 1671; cf. P. Feret, *La Faculté de théologie de Paris et ses docteurs les plus célèbres* V (1907) 29 sq.

[8] Ib. 30 n. 1.

50 André Wilmart

n'eut aucun lien, que l'on sache, avec le Poitou ni avec les régions voisines[9].

Martène paraît avoir été encore moins renseigné, si l'on en juge pas le *Syllabus Ritualium* qui représente la documentation générale du *De antiquis Ecclesiae ritibus* (1700)[10]. Dans ce catalogue, on lit la notice suivante[11]:

Pictaviensis ecclesiæ pontificale vetustissimum, annorum circiter 800. cujus apographum mecum communicavit V. Cl. Johannes *Deslions* decanus ecclesiæ Silvanectensis: autographum vero extat in Parisiensi bibliotheca conventus RR. PP. Minimorum.

L'identité du volume ne peut être mise en doute. Il s'agit sûrement là de notre manuscrit[12]. Mais Martène ne l'a pas employé directement et il n'a pas eu de renseignements particuliers touchant sa provenance. Il en tenait le texte de son ami Deslyons, autre docteur parisien[13] et grand amateur d'ouvrages liturgiques[14]. Apparemment, c'est chez les Minimes, après 1678, que Deslyons a pris sa copie et c'est également par Deslyons que Martène a connu la conservation de l'original dans la bibliothèque des Minimes.

Vers le même temps, Mabillon avait pu examiner cet autographe (*„codex optimae notae"*), que Martène semble n'avoir pas cherché à consulter. On en a le témoignage sous la forme d'une note jointe aux *ex-libris*, sur la première page, et datée du 21 novembre 1695[15]. L'éminent Mauriste, interrogé probablement par les Minimes, reporte le recueil *„ante annos circiter octingentos"* et fait remarquer que les litanies du Samedi-saint mentionnent „la congrégation de S. Pierre", patron de l'Église de Poitiers, ainsi que saint Hilaire et sainte Radegonde; il reconnaît, cependant, que les noms des autres saints de Poitiers ne sont pas rappelés.

---

[9] Né près de Valognes en Normandie (1601? 1603?), il fit ses premières à Coutances sous la direction de son oncle, Guillaume de Launoy, official du diocèse; puis il poursuivit toute sa carrière à Paris, au collège de Navarre jusque vers 1648, ensuite auprès du cardinal d'Estrées au collège de Laon, n'ayant de souci que pour ses travaux d'érudition et les innombrables controverses où ceux-ci l'engagèrent. cf. P. Feret, op. l., 1 sq., 13, 29.

[10] Telle est la date définitive de publication (à Rouen); mais les deux approbations sont de l'année précédente (22 octobre), et la „faculté" des supérieurs (Dom Bougis) remonte même au 13 juin 1696.

[11] Dans l'édition *princeps* (Rouen 1700), au revers de la feuille i II du tome I (avant la pagination régulière).

[12] C'est bien inutilement que Metzger a posé la question: op. l., 48, n° 35.

[13] Sur ce personnage (1615—1700), cf. P. Feret, op. l., IV (1906) 394 sqq.; E. Bishop, *Liturgica Historica* (1918) 132 n. 1.

[14] Dans le *Syllabus* mentionné, Martène avoue devoir au doyen de Senlis la connaissance de six autres recueils: les pontificaux d'Amiens, d'Apamée, de Cambrai, de Senlis, de Troyes (le pseudo-Prudence) et un ordinaire de Senlis.

[15] L'éditeur du catalogue de l'Arsenal, op. l., I 118, a reproduit exactement cette note.

Je ne discuterai pas pour le moment l'hypothèse, consacrée par Martène, qui rattache le pontifical à l'Église de Poitiers et qui, malheureusement, n'a pas beaucoup de force, surtout lorsqu'on tient compte de tout le contexte des litanies invoquées. Il n'est d'ailleurs pas certain que Mabillon se soit complètement engagé en cette affaire. Selon son habitude, il ne va guère au delà des faits; il insinue discrètement plutôt qu'il n'affirme. Je me borne à indiquer encore qu'on trouve deux autres notes au commencement du volume: *„ad usum Pictaviensis Ecclesiae“*, au *verso* du feuillet B; — *„Pontificale [romanum]“* [16], en haut du feuillet 1, immédiatement avant le début du texte. Cette seconde note me paraît être plus ancienne que la première; j'incline à la croire du XVIe siècle ou du commencement du XVIIe. La première pourrait être de Launoy, et l'on a pu inviter Mabillon à l'expliquer. Ou bien, au contraire, serait-elle une conclusion tirée des remarques de Mabillon? Je laisse la question en suspens. Tout cela importe assez peu. Mais on sait désormais que l'attribution du manuscrit à Poitiers est purement moderne; comme à l'occasion du prétendu Pontifical de Prudence, elle résulte de l'intérêt que les érudits du XVIIe siècle ont pris aux études liturgiques.

Il en va autrement au sujet de la date. Les érudits du XVIIe siècle ont vu juste cette fois, et c'est tout récemment qu'on a transformé leur estimation. Mabillon donnait plus de huit cents ans d'âge au volume. Martène a répété à diverses reprises et de diverses façons ce jugement. Outre l'indication du *Syllabus*, il rappelle régulièrement la date supposée du pontifical, lorsqu'il se propose d'en reproduire des morceaux: *Ex ms. Pontificali ecclesiae Pictaviensis ab annis circiter 800 exarato* (deux fois); — *Ex ms.* etc. *annorum circiter 800* (quatre fois); — *Ex ms.* etc. *annorum 800* (une fois) [17]. Cette manière de compter peut prêter à la confusion. Elle requiert en effet un petit calcul. Aussi avons-nous renoncé à l'employer. Il n'en est pas moins vrai qu'elle permet d'énoncer une date correctement. Quand Mabillon et Martène écrivent, à la fin du XVIIe siècle, qu'un manuscrit a huit cents ans, ils entendent dire équivalemment que ce manuscrit remonte à la fin du IXe siècle. Il faut donc se garder, cédant à une distraction, de traduire leur formule: „du VIIIe au IXe siècle“. C'est l'erreur qu'a commise, de bonne foi, le rédacteur du catalogue de l'Arsenal et qui, depuis lors, s'est propagée. Car, pour le reste, il est aisé de décider si le manuscrit *227* appartient à la fin du VIIIe siècle ou bien à celle du IXe siècle; il suffit de l'examiner à notre tour, en toute indépendance. Les Mauristes auraient pu se

---

[16] Ce mot est effacé; je crois pourtant qu'on peut le lire sûrement.

[17] Une fois seulement, la dernière, Martène dit simplement: *„Ex pervetusto Pontificali (ecclesiae Pictaviensis)“*.

tromper [18]. Cela leur est arrivé fréquemment, surtout en datant les plus anciens manuscrits jusqu'au XIe siècle environ. Ils avaient fait moins d'observations que nous avons eu le moyen d'en faire, grâce à l'étude des écritures expressément datées. Mais, dans le cas présent, on ne peut que leur donner raison, au vu de l'original.

Le manuscrit 227 de l'Arsenal est l'œuvre de plusieurs mains calligraphiques dont il est impossible de fixer le nombre. Dès le troisième cahier (fol. 24), on constate un changement de main, mais non pas de style. Des détails varient, par exemple la forme du signe de l'interrogation [19], l'abréviation de l'enclitique *que*, etc. L'aspect général reste le même. L'écriture a dès lors atteint un degré de perfection qui lui enlève tout caractère personnel. Parfois, des archaïsmes apparaissent; on en remarque, notamment, dans la portion du second copiste (depuis fol. 24) [20]. Ils font ressortir davantage la banalité du style. A ces traits généraux, on reconnaît la minuscule carolingienne, telle qu'elle s'est transformée, atteignant le dernier stade de son évolution calligraphique, entre les mains habiles des innombrables copistes qui exercèrent leur art en France sous le règne de Charles le Chauve et jusque vers la fin du IXe siècle. A vingt ans près, il est assez difficile de marquer des termes dans l'ordre du temps; par suite, il sera toujours prudent de s'assurer une marge chronologique. Mais, si l'on accepte de s'en tenir à une estimation approximative, on ne saurait hésiter à définir une rédaction de ce type. Là même, sans doute, il y a place pour des distinctions et donc pour des groupes. Si l'on prétend que, de deux manuscrits, l'un a été composé probablement vers 850, l'autre vers 900, on s'autorise, pour établir cette différence, d'une différence correspondante dans la forme de l'écriture, selon que celle-ci représente un état plus ou moins avancé. En certains cas, il est encore loisible de proposer une date intermédiaire: vers 875. Tout cela est garanti suffisamment par des modèles datés; mais, en dernier ressort, on est bien obligé de faire appel à une certaine expérience, incommunicable et inanalysable, qui ne s'acquiert que par la fréquentation et la comparaison

---

[18] Peut-être doit-on mettre Martène hors de cause. Il est pourtant croyable qu'il ait donné un coup d'oeil à „l'autographe". Sinon, il faudra supposer qu'il tenait la date soit de Deslyons soit de Mabillon.

[19] L'emploi constant de ce signe, déjà stylisé, suffirait à révéler la date véritable de la rédaction. Durant la première moitié du IXe siècle, on commence à employer çà et là le „point d'interrogation", et on le trace de plusieurs manières, en s'inspirant des neumes qui servaient à la notation musicale; je crois même qu'il est possible d'en trouver quelques exemples vers la fin du VIIIe siècle. Mais, en règle générale, il n'est devenu un élément habituel de l'écriture qu'en la seconde moitié du IXe siècle; j'aimerais même dire, plus précisément: à la fin du IXe siècle.

[20] A savoir *n* oncial, *a* semioncial et la ligature de *r*, en particulier dans le groupe *ra*.

des manuscrits. Ces précautions rappelées, je crois qu'il convient de rapporter la transcription de notre recueil aux dernières décades du IXᵉ siècle et, pour parler rondement, de le dater: vers l'an 900 [21]. Or, c'est exactement ce que Mabillon et Martène avaient déclaré, au moyen d'une computation différente; et, quoi qu'il en soit de Martène, on peut affirmer que Mabillon, en prononçant ainsi, s'était laissé guider par son instinct de paléographe.

De cette chronologie, on est satisfait de trouver une confirmation inattendue dans le texte. En décrivant la cérémonie du Jeudi-saint [22], le rédacteur fait mention d'un „décret du pape Nicolas“ au sujet du *Gloria in excelsis*, en réponse à une „question de Rodolphe archevêque de Bourges“. Les deux personnages mis en cause sont clairement désignés: Nicolas Iᵉʳ, qui siégea de 858 à 867, et Rodolphe, quarante-septième évêque de Bourges [23], 842—866 [24]. Bien plus, la décrétale du pape à laquelle il est fait allusion s'est conservée, et l'on convient de dater cette lettre de l'année 864 [25]. Nous avons ainsi un point de repère bien établi. Cette référence, du reste, à l'évêque de Bourges peut servir à d'autres fins que celles de la chronologie. Car il semble que le compilateur ait connu la lettre même de Rodolphe, lettre que nous n'avons plus; et ceci indiquerait quelque relation, à tout le moins indirecte, avec l'archidiocèse de Bourges, sinon avec la personne de Rodolphe. Il suffit maintenant d'avoir contrôlé les résultats de l'examen paléographique [26]. La collection liturgique de l'Arsenal vaut à nos yeux, décidément, pour un document de la fin du IXᵉ siècle [27].

On peut vouloir s'en tenir strictement au manuscrit qui nous a été livré et dont l'écriture déclare la date; on dira alors, sans in-

---

[21] Le système des abréviations employées par les copistes du manuscrit concourt au même résultat. Je ne puis insister ici sur ce côté trop technique de l'expertise.

[22] Voir ci-dessous, nᵒ VI; et cf. Martène, *De antiquis ecclesiae ritibus* (éd. de Bassano) III (1788) 191 (tout au bas de la 2ᵉ colonne).

[23] Cf. L. Duchesne, *Fastes épiscopaux de l'ancienne Gaule* II (1910, 2ᵉ éd.) 23, 31.

[24] Pour plus de détails sur la carrière de Rodolphe, voir l'excellente notice de M. Deloche, dont j'accepte les dates: *Cartulaire de l'abbaye de Beaulieu en Limousin* (Paris 1859), CCXIX—CCXXVI.

[25] *Susceptis sanctitudinis tuae litteris* . . .: Jaffé 2765; texte dans *P. L.* 119, 883 et *MGH, Epistolae* VI, 2 (1912) 633; le passage de la lettre relatif au *Gloria in excelsis* forme le § VII (ib. 885; 635).

[26] Vraisemblablement, cette donnée chronologique n'a pas échappé à Martène; il a pu ainsi dater avec confiance „le pontifical de Poitiers“.

[27] Cette date est encore confirmée par la mention de s. Maur dans la seconde litanie pour le samedi-saint (VIII 4ᵒ 1). Eudes de Glanfeuil composa en effet sa trop fameuse *Vita s. Mauri* en 863.

sister, que la collection remonte, telle quelle, aux environs de l'an
900. Mais il est aussi loisible de sonder l'arrière-plan des textes.
Par exemple, on peut supposer que la collection livrée reproduit un
archétype duquel elle ne diffère en rien; et l'on peut supposer encore que la collection livrée retient seulement les principaux éléments
d'un modèle plus étendu. L'une et l'autre hypothèse se conçoivent.
Pour ma part, je préfèrerais envisager la seconde. Mais, de toute
façon, la perspective ne change point. L'archétype — si archétype
il y a — sera peut-être, par rapport à la copie, antérieur de dix,
quinze ou vingt ans. Nous nous trouvons toujours dans les dernières
décades du IXe siècle: à quelque distance de l'année 864, et plus ou
moins proche de l'an 900. Au point de vue de la tradition littéraire,
la différence est pratiquement négligeable.

La date établie en ces termes, l'on peut procéder utilement à
l'analyse des parties.

Celles-ci ne sont pas marquées extérieurement, et leur enchaî-
nement n'est pas mieux indiqué. Au premier abord, le livre trompe
notre attente; son écriture correcte faisait prévoir une meilleure
ordonnance. C'est pourquoi j'incline à croire que la copie recouvre
un répertoire de textes plus complet et plus régulièrement distribué.
Satisfaits d'accomplir aussi parfaitement que possible leur besogne
matérielle, les rédacteurs ont négligé de faire ressortir le plan qu'ils
suivaient. Mais le reproche doit retomber davantage, semble-t-il, sur
le directeur du travail, qui a omis de joindre à la transcription proposée une table préliminaire, puis de dénombrer les articles ou
sections. Moyennant ce double expédient, la collection eût été irré-
prochable, même si, de notre point de vue méthodique, plusieurs lacunes y sont notables.

On distingue en effet, dans le recueil pris d'ensemble, une portion centrale, dont les différents morceaux forment un tout, ou plutôt
une suite, qui correspond aux cérémonies du Carême, de la Semaine-
sainte et de Pâques. C'est là vraiment le corps du volume; et, en
ce sens, il possède quelque unité. J'ai noté en définitive, pour être
tout à fait clair, quinze sections inégales, chacune ayant un objet
propre. Or la série cohérente que je viens d'annoncer s'étend du
nº II au nº XI et vaut exactement pour les 6/7es du recueil (fol. 7v
—258v). On pourrait dire, à cet égard, que le manuscrit de l'Arsenal
est un rituel détaillé, avec rubriques, pour le Carême et les solennités
pascales. Cette définition a pourtant le tort d'être trop sommaire.
Car, finalement, il ne manque au rituel pour être en même temps
un pontifical complet que les prières de la dédicace d'une église et
celles de la consécration des vierges.

Je ne dirai rien de plus du caractère général ni de la composition du livre. Sa physionomie précise va ressortir de traits que je vais maintenant énumérer.

I: fol. 1—7ʳ. **Les Ordinations**: „*Benedictio episcoporum . . . Ordinatio acoliti*“.

Sous des titres conformes[28], on a la série complète des ordinations. Mais l'ordre suivi est singulier. Tous les pontificaux que nous connaissons suivent un ordre inverse[29]; plus exactement, ils partent de l'ordination du portier et continuent en remontant jusqu'au presbytérat ou à l'épiscopat; avant ou après le sous-diaconat, ils insèrent le court *ordo* romain sur l'appel aux degrés majeurs et le *Capitulum sancti Gregorii*[30]. Le système adopté dans notre recueil s'explique, néanmoins, très simplement. Il y a lieu de distinguer trois groupes de textes:

1º Les formules pour l'épiscopat, le presbytérat et le diaconat. — A la différence des autres pontificaux, tous fidèles plus ou moins à l'ancienne tradition gallicane, notre recueil a tiré directement sa matière du Sacramentaire Grégorien; de celui-ci, il a retenu exactement les titres et les formules sans aucune addition[31]. C'est en cela même que consiste son originalité. Ce point est digne d'attention. Tandis que, très généralement, la pure tradition romaine, restaurée par Charlemagne, est déjà abandonnée à la fin du IXᵉ siècle (les autres pontificaux suffisent à le montrer), le compilateur de celui-ci a résisté à l'ambiance et s'est contenté de reproduire le texte du sacramentaire authentique. Au contraire, pour les autres oraisons, comme il ne trouvait plus d'appui dans le sacramentaire authentique, il s'est vu forcé de suivre la pratique courante[32]. De là:

2º „*Ordo qualiter in romana ecclesia*[33] *prbi diac. subdiac. ordinandi sunt*“ (fol. 4ʳ). — Cet article comprend:

    (1) l'appel et le prétendu „chapitre de saint Grégoire“;

    (2) le paragraphe des *Statuta ecclesiae antiqua*, relatif au sous-diacre et les formules du sous-diaconat.

---

[28] Les titres sont généralement donnés en capitales rustiques; souvent aussi les rubriques sont tracées de même.

[29] Cf. Metzger, op. l. 50 et 4* sq.; Martène R lib. I cap. VIII: *Ordo II, Ordo III, Ordo IV* (éd. de Bassano II 33, 37, 42) [j'indiquerai désormais par la lettre R le *De antiquis ecclesiae ritibus*, et je renverrai sans autre indication aux tomes et pages de l'édition la plus répandue, celle de Bassano].

[30] Ces deux textes sont déjà dans la rédaction du vieux *Reginensis 316* (I, XX et XXI): cf. Muratori, *Liturgia Romana vetus* I 512, 515.

[31] Ib., II 357—361; cf. l'édition de H. Lietzmann (1921), sections 2—4.

[32] Il n'est sans doute pas improbable que le sacramentaire particulier duquel dépend le recueil ait fourni tout l'assemblage que nous avons sous les yeux. A moins d'une preuve cependant, je ne l'admettrai pas, pour cette seule raison que les formules des trois degrés supérieurs ne présentent aucune trace de contamination. Il est donc plus naturel de supposer que le compilateur a réuni des morceaux étrangers, littérairement, l'un à l'autre.

[33] Le titre régulier et libellé: „*in romana sedis apostolicae ecclesia*“ *(Regin. 316*, Gellone, Angoulême; pontificaux de Constance; R *Ordo IV* [mais il est possible que Martène doive son titre exclusivement au Sacramentaire de Gellone, qu'il emploie pour la circonstance avec d'autres documents]). *In romana ecclesia* est un indice de temps plus récents (R *Ordo II, Ordo III, V, VII, VIII, XIV, XV)*.

Tel on a déjà tout cet article dans le sacramentaire de Gellone (fol. 210ʳ—211ʳ); on le retrouve ensuite dans les plus anciens pontificaux[34].

3° *„Ordinatio ostiarii“* (fol. 5ᵛ), etc. — Le compilateur reprend ici la série régulière des ordres mineurs et, dès lors, le recueil se trouve d'accord avec tous les documents congénères[35]. Les textes correspondent entièrement, un point excepté: notre manuscrit ne connaît pour l'acolytat que la bénédiction *O. s. ds fons lucis*[36].

En résumé, le recueil de l'Arsenal, dans cette première section, concilie ce qu'on peut appeler les traditions grégorienne et gélasienne, étant entendu que la première s'exprime dans le sacramentaire du pape Hadrien, la seconde dans les livres gélasiens réformés du type Gellone.

II : fol. 7ᵛ—43ʳ. **La Pénitence quadragésimale**: *„Incipit ordo qualiter publice uel specialiter agitur modus paenitentiae secundum censuram ecclesiasticam quod quarta feria quingagesimae inchoatur“.*

Il faut entendre „pénitence“ au sens strict ou sacramentel; c'est à dire la pénitence imposée après „confession“. Ce qu'on nous offre dans cette intéressante section est donc le premier acte, soit public soit privé, de la „réconciliation“ qui sera accomplie normalement le jeudi-saint[37]. Le titre, qui n'est pas très bien équilibré ni d'ailleurs fort correct, énonce suffisamment ce dessein. Mais il est vrai que la plupart des pages sont remplies par la description de la pénitence privée ou secrète et que cette description précède l'autre. A ces deux articles est jointe une messe pour les pénitents, qui concerne apparemment l'un et l'autre cas. Ainsi, l'on a trois parties à énumérer. Je n'insiste pas sur l'originalité, toute relative, de cet assemblage. Si je ne me trompe, notre recueil représente une sorte de compromis entre l'ancienne discipline et l'administration purement privée du sacrement. Cette rédaction ne conçoit encore la pénitence régulière que selon les formes d'une demi-solennité, dans le cadre des cérémonies quadragésimales.

Aucun des *ordines* recueillis sur le même sujet par Martène[38] n'a cet ampleur, et l'on est surpris que „le pontifical de Poitiers“ n'ait point été employé pour la circonstance ni même rappelé. En fait, l'omission n'est pas trop regrettable. Martène a fait connaître, d'après deux missels de Tours (Saint-Gatien)[39], un *ordo* qui se trouve correspondre, pour l'ensemble, au premier article[40]. La seule différence est que le manuscrit de l'Arsenal insère à divers endroits des formules de confession et d'instruction. Ce sont ces morceaux, extrêmement développés, qui donnent à la rédaction un aspect étrange. Leur caractère adventice une fois reconnu, l'analyse n'offre plus de difficultés; l'*ordo* est tout uni, du moins quant à la première partie.

---

[34] Par exemple, les deux pontificaux de Constance; R *Ordo IV* et *Ordo V*; voir, au contraire, la modification introduite dans R *Ordo II* („Egbert“).

[35] Cf. Metzger op. l. 6*: nᵒˢ 7—17; R *Ordo II, Ordo III, Ordo IV*.

[36] Ce texte se présente aussi — mais non pas seul — dans „Egbert“, „Jumièges“, „Dunstan“ (tous documents anglais: R *Ordo II* et *Ordo III*: II 34¹, 38¹), et dans le rituel de Maffei (Muratori op. l. II 421¹). Il disparaît ensuite des pontificaux.

[37] La rubrique qui commence la section prévoit seulement que le prêtre „réconcilie“ sur-le-champ les personnes empêchées d'attendre jusqu'au jeudi-saint.

[38] R lib. I cap. VI (I 275 sq.).

[39] Ces livres sont rapportés également à la fin du IXᵉ siècle.

[40] R *Ordo IV* (280²—281²): *„Ordo priuatae seu annualis poenitentiae ita prosequendus est“*. Ce texte reparait identique dans le sacramentaire de Fulda, rédigé vers la fin du Xᵉ siècle: éd. Richter-Schönfelder (1912) 42—45.

1° La pénitence „spéciale" (fol. 7ᵛ—37ᵛ). — *Praemonere debet omnis sacerdos eos qui sibi confiteri solent* ... Cette rubrique et tout ce qui fait suite nous est fourni de même par les livres de Saint-Gatien et de Fulda. Il suffira donc d'indiquer les principaux actes rituels et de mentionner, à leur place, les formules particulières; pour tout le reste, je renvoie aux éditions.

(1) Le prêtre pose des questions au pénitent touchant la foi[41].

(2) Le pénitent fait sa confession. Ici, le manuscrit propose un modèle de confession *(„Confessio pura coram deo et angelis et coram omnibus sanctis"):* long texte qui remplit plusieurs pages et qui est censé lu soit par le pénitent soit (pour la raison qu'on devine) par le prêtre lui-même[42].

Confiteor tibi dne pater caeli et terrae tibique benignissime Iesu — a pio domino consequi merear (fol. 8ᵛ—11ʳ).

Le prêtre récite ensuite: *Misereatur nostri — participes in uita aeterna.*

(3) Le pénitent à genoux complète sa confession en termes généraux *(Multa quidem et innumerabilia,* etc.) et le prêtre impose la pénitence convenable. A ce point, nouvelle insertion, ou plutôt double insertion:

a) Le prêtre est supposé donner au pénitent à genoux une interminable instruction sur les vices et leurs remèdes; le terme de comparaison le plus proche me paraît être le premier livre du *De Paenitentia* d'Halitgaire[43]. Chacun des huit vices est caractérisé[44].

Primum uitium hominis superbia est — moribus non exequendo deminuunt (fol. 12ʳ—32ᵛ).

b) Suit une instruction beaucoup plus courte qui présente le même sujet différemment et pourrait être simplement une pièce de rechange; aussi bien, il n'y est plus question que de sept péchés, cinq qui sont spirituels et deux charnels:

Quia septem principalia uitia regnante super se — ferali iam immanitate uastatur (fol. 32ᵛ—34ᵛ).

(4) Sept oraisons sont reproduites[45].

(5) Le prêtre et le pénitent entrent ensemble dans l'église et récitent les sept psaumes de la pénitence, chaque psaume s'achevant par une oraison[46].

---

[41] Ce questionnaire est un élément habituel des anciens *ordines:* R *Ordo III, Ordo VI, Ordo X* (278¹, 283¹, 286², 287¹).

[42] Formule parallèle dans R *Ordo III* (278¹—279²); elle est suivie de même d'un *Misereatur,* mais appliqué au pénitent.

[43] Cf. *P. L.* 105, 659 sq. Halitgaire passe en revue les huit vices dans le même ordre et désigne chacun dans les mêmes termes.

[44] Des titres sont donnés dans le manuscrit au début de chaque développement: *De superbia, de inani gloria, de inuidia, de ira, de tristitia, de auaritia, de uentris ingluuie, de luxuria.*

[45] On ne les trouve exactement toutes les sept que dans le sacramentaire de Fulda; R *Ordo IV* omet la seconde. Mais il y a d'autres témoins partiels: le missel de Salisbury du XIIIᵉ siècle (éd. J. Wickham Legg 1916 49) qui omet la première; R *Ordo II* et *Ordo III* (276, 280), qui omettent la première et la quatrième. En outre, on rencontre la première seule: dans R *Ordo X* (286²); dans Halitgaire, *Liber paenitentialis (P. L.* 105, 697 et cf. 791); dans le pénitentiel de Mersebourg (cf. F. W. Wasserschleben, *Die Bußordnungen der abendländischen Kirche* 1851 389). Quant aux autres, on les a déjà pour la plupart (à savoir 2, 5, 6, 7) dans les vieux livres gélasiens, et précisément sous le titre: *„Orationes et preces super poenitentes",* au début du Carême; voir le Regin. 316 (I XV): Muratori op. l. 504 sq.; Sangall. 348: éd. Mohlberg, nᵒˢ 246—249.

[46] Texte complet dans R *Ordo IV* (281), et le sacramentaire de Fulda, nᵒˢ 354—360.

Et c'est la fin de la pénitence „spéciale": *His expletis instruet eum — et ita eum dimittat a se* (fol. 37ᵛ).

2° La pénitence „publique" (fol. 37ᵛ—40ᵛ). — *Si uero causa paenitentis talis fuerit ut ab episcopo uel ipso iubente a presbitero a liminibus ecclesiae arceri debeat adducatur in ecclesiam ante episcopum uel presbiterum indutus cilicio atque peractis primum omnibus quae supra taxato paenitentium ordine.expressa sunt his uerbis instruatur:*

Apostoli praeceptum est — quae se meminit in maximis deliquisse (fol. 38ʳ—40ʳ).

Après cette instruction, on couvre d'un cilice la tête du pénitent et on le chasse de l'église, pendant le chant du répons *In sudore uultus tui* [47].

A la porte, une oraison est récitée: *Dne ds o. creator humanae — gloriae reformetur* [48]. Puis le pénitent est enfermé sous un surveillant jusqu'au jeudi-saint.

3° „*Missa pro paenitentibus et confitentibus*" (fol. 40ᵛ—43ʳ). C'est une messe complète, ou plutôt surchargée, avec antiennes, versets et lectures. A première vue et eu égard aux textes parallèles des livres gélasiens [49], on pourrait supposer que la destination de cet office est la cérémonie du jeudi-saint. Le point de départ littéraire est tel sans doute. Mais on observe plus justement que les missels du moyen âge contiennent souvent une messe „votive" à l'intention des pénitents confessés, messe qui correspond strictement à celle-ci [50]. Je ne puis que relever les groupes d'oraisons, très succinctement [51].

(1) *Exaudi dne preces; O. s. ds confitenti; O. et m. ds qui peccatorum.* — (2) *Ds qui culpa offenderis; Praesta qs o. et m. d. ut haec salutaris hostia; Oblatio dne.* — (3) *VD. qui peccatoribus; Hanc igitur . . . ut remissionem.* — (4) *O. et m. ds qui omnem; Concede qs dne; Haec communio dne famulos . . .*

III: fol. 43ʳ—69ᵛ. **Les scrutins:** *Denunciatio scrutinii quod tertia ebdomada in quadragesima secunda feria iniciatur . . .* [R lib. I cap. 1 art. 12: *Ordo III* (I 37—40)].

Le rôle du rapporteur est, cette fois, des plus simples. Martène a reproduit toutes les parties essentielles de cette section; il a négligé seulement, non sans raison, le texte des formules connues d'autre part [52]. Je me bornerai

---

[47] Ce répons est mentionné semblablement dans R *Ordo II, Ordo VIII, Ordo XVI* (276², 284², 293¹). Mais la cérémonie elle-même est beaucoup plus ancienne; on en trouve le type dans le Regin. 316 (I XVI): Muratori op. I. 505, et cf. Sangall. 348, rubrique précédant le n 246. D'ailleurs, c'est bien la rubrique de ce vieil *ordo* qui commande tous les développements ultérieurs.

[48] Cf. Regin.: dernière formule de I XV, et Sangall.: n° 250: *Precor dne clementiam . . .*; on retrouve ce texte habituellement dans les anciens *ordines*.

[49] Cf. Regin.: Muratori 551; Sangall.: nᵒˢ 493—494, 500; et rapprocher le Fuldensis: nᵒˢ 662 sqq.

[50] Sacramentaires de Fulda 2333, de Nevers (éd. Crosnier 1873) 357.

[51] Les trois premières sont données ensemble dans R *Ordo VIII* (284¹); mais le contexte est différent. La „*Missa pro penitentibus sua peccata confitentibus*" du sacramentaire de Nevers réunit quatre de nos formules (2, 3, 5, 9); les anciens livres gélasiens en attestent au moins trois (2, 3, 10).

[52] Il aurait dû pourtant donner le texte de l'exorcisme *Deus immortale praesidium* (38¹). Nous le connaissons grâce au Supplément grégorien (V 155) et à des recueils gélasiens tels que le sacramentaire de Saint-Remi de Reims (éd. Chevalier 1900) 347.

donc à comparer l'état du recueil avec les témoins ordinaires de ces formules, dans le dessein de faire ressortir, mieux qu'il n'apparaît dans l'édition de Martène, la complexité de cette matière littéraire. Car notre document garde ici son caractère de compilation; sans les textes premiers qu'il emploie en les amalgamant, on n'arrive point à le comprendre. Il décrit deux fois les scrutins; dans l'un et l'autre cas, il ne fait que reprendre les formules des anciens livres gélasiens de manière à les épuiser, le cadre ne variant que pour l'apparence. On a donc en quelque sorte deux *ordines* des sept scrutins.

Le premier (fol. 43ʳ—60ᵛ) se compose des éléments suivants: l'annonce du premier scrutin, trois oraisons récitées „sur les élus", la bénédiction et l'imposition du sel, trois exorcismes sur chaque groupe de catéchumènes *(masculi, feminae)*, la triple „tradition" des évangiles, du symbole et de l'oraison dominicale. Tout ceci s'encadre dans des rubriques qui représentent deux avant-messes. D'ailleurs, nous avons déjà autant dans la première partie de l'*Ordo Romanus VII* (§ 1—8)[53] et dans divers missels[54]. Mais, quant au fond, c'est la reprise pure et simple des textes du *Reginensis 316* (I XXIX—XXXVI)[55].

Le second morceau (fol. 60ᵛ—69ᵛ) reproduit trois messes complètes, destinées de même aux scrutins; complètes, c'est à dire avec tout le détail des antiennes, des lectures et des oraisons. La dernière de ces messes nous représente de nouveau la triple „tradition" des évangiles, du symbole et de l'oraison dominicale[56]. Mais il n'y a plus à s'étonner de cette répétition, aussitôt qu'il appert que le rédacteur a surtout voulu tirer parti des vieilles messes dominicales du rit gélasien, qui sont assurément le plus ancien souvenir des scrutins observés à Rome: *Reginensis 316* (I XXVI¹, XXVII¹, XXVIII¹)[57].

De cette façon, rien de ce que les livres gélasiens comprenaient dans leur recension franque n'a échappé. Toutefois, il est peu probable que la dépendance soit directe. Il faut tout au moins admettre l'influence intermédiaire de la seconde famille gélasienne. Au reste, nous avons dans l'*Ordo baptisterii* du sacramentaire de Saint-Remi le type même de la compilation en deux parties[58]. La seule différence est que le recueil de l'Arsenal étoffe davantage la seconde partie. En toute hypothèse, il se rattache par cette

---

[53] *Museum Italicum* II (1689) 77 sq.

[54] Notamment, dans le sacramentaire de Saint-Remi, op. l. 346—351.

[55] Muratori op. l. 533 sq. On les a de même dans le sacramentaire d'Angoulême nᵒˢ 682—724 et aussi (mais à l'état dispersé) dans celui de Gellone fol. 31ᵛ 32ʳ—41ᵛ.

[56] On pourra noter dans cette messe à propos des lectures tirées des Épîtres, une curieuse référence: „*Istae duae lectiones . . . (cum responsoriis) . . . de quodam tomulo ordinis romani sumptae sunt . . .*" (R 39²). La première partie fait aussi mention du „*Capitulare*" (cf. Angoulême nᵒ 699), désignant ainsi simplement le lectionnaire.

[57] Ces messes subsistent également dans le sacramentaire d'Angoulême nᵒˢ 417 —423, 464—467, 510—513. Dans celui de Gellone, elles sont en partie recouvertes par des messes grégoriennes.

[58] Ed. Chevalier 345 sq. On retrouve cette disposition dans le second pontifical de Constance (éd. Metzger, nᵒˢ 277—339); de même, mais un peu moins bien, dans le sacramentaire de Rheinau (Gerbert, *Monumenta* I 248—252). Le second *Ordo* du sacramentaire de Gellone (fol. 173ᵛ), imprimé par Martène (R *Ordo II:* 35 sq.), est sur le même plan; mais il offre ceci de particulier que les deux morceaux sont fondus en un seul.

section des scrutins à la tradition gélasienne de la seconde moitié du VIIIe siècle, et l'on est fondé à le citer, si tardif qu'il soit, comme un témoin de cette tradition.

IV: fol. 70r—74r. **La Veille et le Jour des Palmes:** „*Sabbato ante diem palmarum ... Dominica indulgentiae quae est dies palmarum ante horam tertiam ingrediuntur in sacrarium ...*"

A la suite des scrutins, on remarque deux lectures isolées (fol. 70r—71r), sous une rubrique qui les attribue au samedi avant les palmes: Zach. IX, 16 (*Exulta satis*); Ioh. XVI, 28—XVIII, 1 *(Exiui a patre)*. Selon l'ancienne économie romaine, ce samedi était un jour aliturgique. Le *Comes* ou épistolier d'Alcuin est le premier document qui marque cette férie et fasse mention du passage de Zacharie [59]. Quant à l'évangile tiré de S. Jean, il ne figure que dans des exemplaires récents de l'usage romain, et encore, presque toujours, sous une forme abrégée (versets 1—11) [60]. Toutefois, je trouve cette même péricope, à savoir tout le chapitre XVII, dans un manuscrit de Trèves du VIIIe siècle, récemment publié, qui est un témoin gallican, au sens strict [61]; l'emploi est indiqué clairement: „*in simbuli traditione*"; ce qui signifie, dans le rit gallican, le dimanche des palmes. Le texte de l'Arsenal garderait-il un souvenir de cet usage particulier et se rattacherait-il, par ce tour, à la liturgie des scrutins? Ce n'est pas invraisemblable, et une survivance locale est admissible. Pourtant, il est beaucoup plus simple de regarder l'une et l'autre lecture comme l'annonce du dimanche des palmes, et c'est pourquoi j'ai pris le parti de réunir samedi et dimanche, qui introduisent ensemble aux longs développements de la semaine-sainte. D'ailleurs, l'évangile du samedi est rappelé dans la section suivante.

A propos du dimanche, il n'est guère question que de la procession des rameaux. Je ne sais s'il existe, pour la date, une attestation plus précise de cette cérémonie [62]. Puisque le texte est imprimé [R lib. IV cap. 20: *Ordo I* (III 74)], tout commentaire est superflu [63]. Le trait le plus notable est le chant du petit poème de Théodulphe *(Gloria laus)*, qui assure un point de repère [64]. La formule proposée pour la bénédiction des rameaux *(Deus cuius filius — ualeant apparere)* [65] se présente tout d'abord dans un sacramentaire

---

[59] Cf. Tommasi-Vezzosi, *Opera omnia* V (1750) 302 (no 75); et cf. 335, d'après l'*Ordo* de Hittorp, *De divinis catholicae ecclesiae officiis* (Cologne 1568) 41.

[60] Ib. 453; ce sont les documents notés par Vezzosi *A, D, E, H, R;* ce dernier seul paraît avoir compris le chapitre XVII entièrement. Voir d'autre part S. Beissel, *Entstehung der Perikopen des Römischen Meßbuches* (1907) 135; le détail des „capitulaires" est donné (n. 3); c'est un fait que le capitulaire normal de l'époque carolingienne ignore cette lecture, conformément à la tradition romaine des VIIe et VIIIe siècles.

[61] Cf. *Revue Bénéd.* 33 (1921) 49 (no 122).

[62] Ceci dit sans méconnaître l'utilité du chapitre de Franz sur les palmes: *Die kirchlichen Benediktionen im Mittelalter* I (1909) 470 sqq.

[63] A noter vers la fin de la rubrique cette définition de la *mediana* (R 74²): „*. . . Dominica quam sedes apostolica medianam uocat in qua incipiunt cantare de passione*". Il s'agit clairement ici du dimanche qui suit la quatrième semaine et commence la cinquième, notre dimanche de la Passion. Ce détail provient de l'*Ordo Romanus I* (§ 27).

[64] Cf. *Poetae Latini medii aevi* I (1881) 558. Dümmler n'a pas employé le manuscrit de l'Arsenal.

[65] Cf. Franz op. 1. 493 (no 11).

grégorien qui appartenait à l'Église de Paris dès avant le milieu du IX⁰ siècle
(Ottobon. 313) [66].

V: fol. 74ʳ—130ʳ. **Les Récits évangéliques:** *„Lectio s. euangelii secundum Lucam . . . Cum appropinquasset Iesus . . .“.*

Martène n'a indiqué que les lectures pour le dimanche des palmes et
sa rédaction ne laisse pas voir assez nettement que le texte est rapporté tout au
long dans le manuscrit. Une portion considérable du volume est en effet
remplie par la transcription des derniers chapitres des quatre Évangiles.
Celui de S. Jean se trouve même reproduit aux trois quarts (si l'on comprend
les passages reportés soit au samedi avant les palmes soit parmi les cérémonies du vendredi-saint). Une collation attentive aurait peut-être des résultats appréciables. Sur l'intention précise du compilateur, on manque de
données. Aucun système connu de péricopes n'apporte d'indications tout à
fait semblables, et l'on pourrait admettre que le compilateur n'avait lui-même
aucun plan, — si ce n'est celui de proposer des lectures *ad libitum* pour
les premiers jours de la semaine sainte, peut-être même pour les messes de
la semaine pascale. De l'ensemble, il ressort toutefois que cette section est
étroitement liée aux autres et que le tout représente un recueil cohérent;
dès lors, le manuscrit de l'Arsenal doit passer pour une copie secondaire.

On a cette suite de textes:

Luc. XIX, 29—40.

Mat. XXV, 31—XXVI, 1.

Mat. XXVI, 1ᵇ—XXVIII, 20 (soit toute la fin de Matthieu, sous le titre
particulier: *„Passio dni n. I. X.“*: fol. 75ᵛ).

Ioa. VI, 70—XI, 54 (fol. 83ᵛ).

Ioa. XI, 55—XIII, 15 (portion attribuée: *„fer. II post palmas“*: fol. 95ʳ).

Ioa. XIII, 16—XVI, 27 (portion de même attribuée: *„fr. tertia“*: fol. 98ᵛ).

Immédiatement et sans aucune distinction, on rencontre cette rubrique:
*Ea quae secuntur ab hoc uersu qui continuando in corpore texti subnectitur
idest „Exiui a patre“ et sequentia usque ad eum locum ubi legitur „In quem
introiuit ipse et discipulis suis“ inuenies retro in sabbato ante diem palmarum* (fol. 104ʳ) [67]. Puis, le récit du second Évangile est inséré:

Marc. XI, 1—XVI, 20 (fol. 104ʳ).

L'Évangile de S. Luc donne lieu encore à une rubrique significative:
*Require retro et inuenies in die palmarum usque ad id quod ait Pharisaeis:
„Amen dico uobis . . .“ Qua finita reingredere in corpus ita: „Et ut adpro-
pinquauit . . .“;* soit:

Luc. XIX, 41—XXIV, 53 (fol. 117ʳ).

VI: fol. 130ʳ—174ᵛ. **Le Jeudi-saint:** *„Feria V quae est cena dni octaua
hora noctis ad uigilias surgendum est . . .“* [R lib. IV cap. 22 § 8: n⁰ 2 (III
101¹—108²)].

Martène a transcrit, à peu de chose près [68], cette portion et les deux
suivantes, nous mettant ainsi sous les yeux la partie principale du recueil

---

[66] Cf. H. A. Wilson, *The Gregorian Sacramentary* (1915) 46 n. 3; et cf. *P. L.*
78, 77 (note *a*). — Prendre garde que la référence de R: *„ut in ordine Rom.“,*
est due à Martène lui-même et vise simplement l'*Ordo* imprimé par Hittorp, op. 1. 44².

[67] Voir ci-dessus section IV.

[68] Il omet seulement pour la section VI la litanie (fol. 160 ʳ—164 ʳ) et les textes
du *Mandatum* (fol. 173ᵛ—174ᵛ).

— presque cent feuillets — qui est aussi la plus intéressante[69]. Il serait presque infini d'étudier ce rituel des jeudi, vendredi et samedi saints selon l'histoire, en le comparant aux autres *ordines*. Cette tâche d'ailleurs, pour être vraiment profitable, demanderait que fussent aussi rapprochés nombre de documents encore mal connus ou inédits. Mieux vaut attendre le résultat de l'enquête entreprise par M. Michel Andrieu sur cette littérature. Le texte de l'Arsenal se trouvant à la portée du lecteur, grâce à la publication de Martène, l'intention de cette notice sera sauvegardée, si je me contente d'indiquer les éléments essentiels de chaque partie, de manière à faciliter la lecture[70].

Auparavant, il importe de remarquer le caractère de ces développements. Ils sont, d'abord, très complexes. Ceci est surtout apparent pour la solennité du jeudi-saint. Aucun pontifical n'est plus chargé de cérémonies et de prières. Il est par suite douteux qu'on ait réellement observé les prescriptions de celui-ci. Le rédacteur paraît avoir voulu mettre en œuvre tout ce qui s'offrait à lui dans la tradition; il a fait plus d'ailleurs, car nombre de ses formules sont isolées. En second lieu, le rituel est fort élaboré; de longues rubriques décrivent minutieusement cet appareil, aussi solennel que possible. Le chant même attire l'attention; on nous dit comment terminer une antienne ou un verset sur un mode grave, inaccoutumé, et veiller en particulier à la cadence finale du dactyle ou de l'amphimacre[71]. Enfin, tout ce programme est établi à l'intention d'une église indéterminée. Le modèle est censé romain[72], et divers détails ne s'expliquent sans doute que dans le déploiement du cortège papal[73]. Mais, en général, on est dans une grande ville épiscopale où se trouvent plusieurs églises pour les stations, notamment une église „majeure" et qu'entourent des monastères[74]. Il est prévu cependant que la fonction puisse s'accomplir dans un monastère[75]. Un petit détail permet peut-être d'inférer que la rédaction elle-même a été faite par un moine qui songeait à son propre entourage[76]. Le texte premier viendrait-il d'une basilique romaine desservie par des moines? L'hypothèse est acceptable. J'aimerais autant supposer que, les litanies nous fixant décidément en France, un *ordo* ultramontain ait pris forme au cours du IXe siècle dans un monastère français[77].

---

[69] Mabillon en a ainsi jugé, dans la note tracée sur la première page: „*Multa scitu digna continet [codex], maxime in triduo ante Pascha*".

[70] Je ne me flatte pas, cependant, d'avoir toujours débrouillé sûrement l'enchevêtrement des textes.

[71] Début de la première rubrique (R 101²): „*Sed neque melos musicum . . .*".

[72] „*(Celebritas) in sede quidem apostolica ad S. Ioannem in Lateranis agitur*" (R 106¹).

[73] Il est spécifié que le cierge de procession sera porté, le samedi-saint, par l'évêque *iunior* (R 101²).

[74] La distribution du chrême, à l'issue de la cérémonie, est faite par l'archidiacre „*tam legatis monasteriorum ad hoc ipsum recipiendum missis quam presbyteris oppidanis atque uicanis*" (R 108¹).

[75] „*Si uero hic ordo in monasterio agitur, V feria ipse ignis a custode ecclesiae portetur, VI feria a praeposito, sabbato uero sancto ab abbate portetur*" (R 101²). Et surtout, après la mention du siège apostolique (ci-dessus n. 72): „*in ceteris uero urbibus seu monasteriis pro opportunitate et congruentia uniuscuiusque*".

[76] Le jeudi-saint, „tous les frères" procèdent à un nettoyage complet de l'église, cependant qu'on chante des antiennes et des répons „*de passione Domini*" (R 101²).

[77] L'extinction méthodique des lampes pendant les nocturnes et les laudes du

1° Pour commencer, une rubrique, qui couvre plusieurs pages (fol. 130ᵣ —133ʳ), règle le chant, qui doit être plus simple durant les trois jours, le luminaire, les sonneries et signaux, la décoration de l'église et les travaux qui doivent s'y poursuivre. Elle marque en outre une procession solennelle avant la messe jusqu'à l'église majeure. Tout ceci se rapporte plus ou moins aux trois jours saints. Au jeudi appartient en propre la cérémonie du „*mandatum*" qui doit avoir lieu après la réfection et s'accomplit solennellement dans une salle spécialement aménagée. Jusqu'à présent aucune formule n'est rapportée; nous n'avons que le cadre des offices et une série d'indications préliminaires, quelques-unes précieuses au regard de l'archéologue[78]; les textes pour le *Mandatum* ne seront transcrits que tout à la fin.

2° A la deuxième heure, on procède au premier acte de la réconciliation des pénitents (fol. 133ʳ—144ᵛ).

(1) A la porte, l'archidiacre présente au pontife les pénitents par une formule particulière: *Apostolice pontifex, turba paenitentium pro foribus basilicae consistens* ... L'évêque s'enquiert de chaque cas, puis il se rend à l'autel.

(2) Un groupe de quatre chantres, au nom des pénitents, chante l'antienne *Dne si iratus fueris;* un second groupe fait la réplique, derrière l'autel, avec l'antienne *Sicut pastor.*

(3) Le diacre fait entrer les pénitents: *Redite reconciliandi ad sinum matris uestrae* ...

(4) Un office à neuf leçons est exécuté, suivi des laudes. Tout le détail est donné, ainsi que pour les deux messes.

(5) La messe *Redime me* est dite par un prêtre, pour le cas où il n'y aurait qu'un seul pénitent. Les oraisons, autant que je puisse voir, sont tirées du fonds gélasien. Cette messe et la suivante ont probablement existé au VIIIᵉ ou au IXᵉ siècle, dans certains missels, telles que nous les avons (le rédacteur s'autorise du „sacramentaire" pour la première[79]); mais nous ne pouvons guère indiquer maintenant que le premier point de départ et les formules se présentent ainsi comme des textes adaptés[80]. En toute hypothèse, ce travail d'adaptation n'a pu être fait qu'en France.

(6) S'il y a plusieurs pénitents à réconcilier, on chante la messe *Omnia quae fecisti*[81].

---

triduum est également un trait français, ou du moins non romain; cf. Amalaire, *De ordine antiphonarii* XLIV (*P. L.* 105, 1292 sq.). — A ce propos, il est notable que l'*Ordo*, souvent prolixe, ne verse pas dans le symbolisme (la réflexion sur les antiennes pour les pénitents s'inspire simplement du bon sens). L'auteur était sans doute un ritualiste comme Amalaire; mais il paraît avoir aimé les cérémonies pour elles-mêmes, non pas comme un procédé figuratif.

[78] J'ai déjà mentionné l'allusion faite à la correspondance de Nicolas I et de Rodolphe évêque de Bourges concernant le *Gloria in excelsis* (cf. n. 22—25).

[79] „*Sicut in sacramentario continetur*" (R 102²); de même précédemment, dans la rubrique initiale: „*sicut in sacramentario et antiphonario continetur*" (101²).

[80] Première collecte (102²): la finale est reprise de Gel. III XVII 700 (= LXVIII 735). — *S. Obl.*: Gel. I LXXXIII 604. — *V. D.*: missel de Fulda n° 2246 (messe votive *pro amico*). — *Hanc ig.*: la première partie est bien traditionnelle pour le jeudi-saint: Gel. I XXXIX 553 (Angoulême n° 614). — Première *P. Com.*: le début est celui de Gel. I LXXXIII 605. — Deuxième *P. Com.*: Gel. I XVIII 508 et XXVI 525. — Les antiennes sont également disparates; on les retrouve en divers endroits des plus anciens antiphonaires (type Sangall. 339).

[81] Première collecte: finale de Gel. I XXV 519. — Deuxième collecte: I

(7) Au cours de ces messes, un prêtre adressera, du haut de la chaire, une homélie *(„tractet“)* sur l'évangile qui aura été lu: c'est à dire soit sur l'enfant prodigue soit sur la pécheresse du festin tenu chez Simon le pharisien. Après quoi, un diacre lira encore un long sermon dont le texte est produit: *Perpendite fratres et sollicito corde uobiscum agite* . . . (R 103²—105²: fol. 144ᵛ—152ᵛ); bien plus, un prêtre expliquera chaque phrase de ce sermon aux pénitents rassemblés près de l'ambon.

3o A la troisième heure, le pontife et son cortège se rendent à la première station, afin de célébrer pour les *baptizandi* la messe *Sitientes* (fol. 152ᵛ—153ᵛ). La composition des oraisons est caractéristique: les trois formules principales sont empruntées à la cérémonie gélasienne de la réconciliation d'un pénitent[82]; les deux autres sont reprises également de la messe gélasienne pour la réconciliation[83].

4o Sans arrêt, on va à la seconde station pour la messe „chrismale“ *(Confessio et pulchritudo:* fol. 154ʳ—155ᵛ). Les oraisons sont en effet celles de la *missa chrismalis* du Gélasien[84], la formule de communion étant seule omise[85]. Il saute aux yeux que cette prétendue station est un doublet littéraire. En réalité, c'est la fonction suivante qui représente l'*ordo* normal et pleinement suffisant pour la cérémonie du jeudi-saint; tout ce qui précède est surcharge et développement factice.

5o La troisième station est le grand office du jour, célébré à l'église du Latran avec l'assistance de sept diacres.

(1) Une longue rubrique préliminaire décrit la préparation du baume et de l'huile à la sacristie (fol. 155ᵛ).

(2) La messe proprement dite *(Nos autem gloriari)* est exactement celle du sacramentaire grégorien[86], augmentée de la préface et de la bénédiction épiscopale qu'on trouve par exemple dans l'Ottobon. 313[87].

(3) Après l'évangile, prend place la réconciliation proprement dite.

a) Le diacre présente au pontife les pénitents, selon la grande formule gélasienne: *Adest o uenerabilis pontifex* . . .[88]; à celle-ci, le pontife répond par une allocution particulière: *Qua dilectissimi hos de quorum periculo* . . . (fol. 158ᵛ).

b) Le diacre annonce une litanie: *Contrito corde et mente deuota letaniarum solemnia* . . . Cette litanie, fort longue, est évidemment romanogallicane (fol. 160ʳ—164ʳ)[89].

XXXVIII 551 (Fulda nᵒ 663). — *S. Obl.:* oraison grégorienne 42 (Muratori), et de même Supplément XI 160. — Deuxième *S. Obl.*: Gel. I XXVII 528 (et Greg. 52 et 134). — Troisième *S. Obl.*: finale de Gel. I XXVII 528. — *Ad Compl.* 1ᵒ: Gel. I LIII 579. — 2ᵒ: Gel. I XXV 521. — 3ᵒ: Gel. I XVIII 511 (= LXII 587); d'autre part. Leon. XXIX XIX 441.

[82] Nᵒˢ 1, 2, 4: Gel. I XXXVIII 548 sq. (Angoulême 599—601).

[83] Nᵒˢ 3 et 5: Gel. I XXXVIII 553 sq. (Angoulême 611, 616).

[84] Gel. I XL 554, 555, 559 (Angoulême 622 sqq.).

[85] L'*Ad populum* de Gel. en tient lieu.

[86] Muratori 54 sq., 57. Noter le nom d'*Illatio* donné au *Communicantes* (R 107¹).

[87] Ib. 312 (cf. Gel. I XL 558, et *P. L.* 78, 82); — 368 sq. (cf. R 121¹, et *P. L.* ib. 83).

[88] Gel. I XXXVIII 549 sq. (Angoulême 602).

[89] Martène l'a sans doute trouvée trop longue; aussi l'a-t-il complètement omise. Je ne puis me dispenser d'en donner quelque idée. On invoque d'abord les chœurs des anges (douze invocations: *Michael . . . Seraphim)*; puis, ceux des patriarches et des prophètes; — après J. Baptiste, les apôtres, auxquels sont joints Mathias, Barnabé, Luc et Marc; — les martyrs: Etienne „*leuita et martyr Xpi“*,

c) L'évêque conclut par une oraison à double fin, réunissant les intentions des catéchumènes et celles des pénitents [90].

d) L'évêque récite sept oraisons qui opèrent la réconciliation, tandis que des prêtres touchent chacun des pénitents aussi souvent que ceux-ci ont mentionnés directement dans les formules [91].

e) Le diacre fait relever les pénitents et leur annonce la communion prochaine: *Surgite de terra reconciliati deo* . . .; puis il donne l'ordre de chanter l'offertoire: *Psallite chori* . . . [92].

(4) A la fin du canon, on commence la consécration des saintes huiles (fol. 169[r]). Ici encore, plusieurs rubriques précisent l'accomplissement de la cérémonie. Toutes les formules sont celles du sacramentaire grégorien [93].

(5) Après la communion, dont l'ordre est réglé, une prière est récitée pour les pénitents, conformément à la tradition gélasienne [94].

(6) Une rubrique finale détermine la distribution des saintes huiles et mentionne le repas auquel le pontife doit inviter les notables, voire les pénitents (fol. 173[r]).

6° Le *Mandatum* qui, selon la rubrique initiale (voir ci-dessus 1°), devait avoir lieu l'après-midi, est seulement représenté par l'indication des pièces de chant où il s'encadrait (fol. 173[v]—174[v]): les „*uersus Flauii episcopi*" (Flavius évêque de Chalon † 591)[95]; des „*uersus Bedae episcopi*", qui sont extraits, en réalité, d'un hymne de Paulin d'Aquilée sur la résurrection de Lazare [96]; enfin, les antiennes ordinaires.

Clément „*apostolice et martyr X.*", Denis, Fabien, Corneille, Cyprien „*pontifex et m.*", Sixte „*apostolice et m.*", Laurent „*leuita et m.*", Sebastien „*miles et m.*", Maurice, Hippolyte, Quentin, Julien, Géréon; — les confesseurs papes: Silvestre (*„apostolice et confessor X."*), Marc, Jules, Libère, Félix, Damase, Sirice, Innocent, Zosime, Célestin, Léon, Simplice, Simmaque, Hormisdas, Grégoire; — les confesseurs pontifes: Hilaire, Martin, Ambroise, Eusèbe, Augustin, Germain, Médard, *Aniane, Casiane*, Germain; — Jérôme prêtre, Benoit abb., *Chlodoalde „confessor Xpi"*; — les vierges: Cécile, Eugénie, Domitille, Agnès, Agathe, Lucie, Praxède, Balbine, Susanne, Sabine, Julienne, Eufémie, Colombe, Dorothée, Geneviève. Suit une remarquable série d'intercessions particulières, d'après chacune des circonstances de la passion. — Il est toujours embarrassant de localiser des litanies. Je me demande si, tout compte fait, celles-ci ne conviendraient pas mieux à l'Église de Paris qu'à aucune autre.

[90] Cette oraison est sûrement factice. Je ne l'ai point rencontrée ailleurs. On peut rapprocher Gel. I XXXVIII 550 et XLI 561.

[91] On retrouve ces sept oraisons ensemble dans le sacramentaire de Fulda, n°s 654 sqq., mais autrement réparties; voir aussi R lib. I cap. VI art. 7: *Ordo II* 276[2], *Ordo XI* 288[1], *Ordo XIV* 290. Les n°s 1, 3, 4 sont les formules gélasiennes destinées à cette même cérémonie: Gel. I XXXVIII 550. En outre, on a 2: Gel. I XV 505; 5: III XXXIV 709; 6: III XXXV 710.

[92] Toutes ces formules, mises dans la bouche du diacre, sont notables; elles constituent un élément dramatique de la cérémonie. Peut-être faudrait-il aussi avoir égard à la désignation des chant d'offertoire: „*Offerenda*" (R 107[1], et de même déjà 102[1]).

[93] Muratori 55 sq. (cf. Gel. I XL 555 sq.).

[94] Gel. I XXIX 553 (= 551).

[95] Cf. Chevalier, *Repertorium Hymnologicum* n° 20271; Blume, *Analecta Hymnica* LI (1908) 77 sq.; Mearns, *Early Latin Hymnaries* (1913) 85. Voir aussi *P. L.* 78, 326.

[96] Cf. *Revue Bénéd.* 34 (1922) 27 sq.

VII: fol. 174v—193r. **Le Vendredi-saint:** „*Feria VI quae est para-scaeue statio in Suxurio hoc est in basilica Hierusalem...*“ [R lib. IV cap. 23: n° 6 (Ill. 133²—134²)].

La disposition de cette partie révèle un dessein bien net. Une longue rubrique fournit tout d'abord un *ordo* complet de la cérémonie, comparable par exemple à la portion correspondante de l'*Ordo Romanus I* (§ 34—35)[97], à part ceci qu'il n'y est pas question de l'office de la nuit[98]. Ensuite, tous les textes annoncés dans l'*ordo* sont reproduits intégralement, et même quelques autres de surcroît. On se souciait donc d'avoir en même temps sous la main, non pas seulement un cérémonial, mais le recueil des formules.

1° L'*ordo* diffère assez peu de celui que nous observons aujourd'hui; on peut même noter qu'il est presque identique — excepté quant à la lettre — à celui qui portait naguère le nom de Prudence de Troyes et qui vaut réellement pour une description du XIe siècle[99]. C'est dire qu'il manifeste un progrès important par rapport à l'*Ordo Romanus I*. Et néanmoins, le point de départ littéraire est bien ce même *Ordo I*, comme plusieurs détails de rédaction suffisent à l'établir[100]. Au lieu du sobre résumé des liturgistes romains, on a maintenant un développement beaucoup plus explicite et, surtout, des cérémonies plus émouvantes. J'indique seulement quelques traits plus ou moins caractéristiques, tout en gardant l'ordre des cérémonies.

(1) Les deux oraisons *Deus a quo et Iudas* et *Deus qui peccati ueteris* viennent du rituel gélasien[101]. Le sacramentaire grégorien du IXe siècle n'en marque aucune; cependant, la première est mentionnée dans l'*Ordo I*[102], certifiée en outre par Amalaire[103].

(2) Les deux „leçons“ (Os. VI, 1; Ex. XII, 1) étaient probablement traditionnelles à Rome[104]. Le *Comes* de Murbach les offre aussi dans cet ordre[105], qui s'est conservé; Amalaire les énonce dans l'ordre inverse[106].

(3) Le trait *Eripe me* est prévu, comme alternatif, par l'*Ordo I*. L'autre trait *(Qui habitat)* devait être le trait normal, au témoignage d'Amalaire, qui n'en connaît pas d'autre, et du Ps. Alcuin qui note précisément le trait *Eripe me* comme singulier[107].

(4) La Passion selon S. Jean était lue traditionnellement à Rome[108] soit XVIII, 1—XIX, 42. En fait, le recueil de l'Arsenal donnera plus loin: (fol. 179v—187v) le texte des quatre derniers chapitres de l'Évangile; il est

---

[97] *P. L.* 78, 953 sq.

[98] Si ce n'est dans le phrase finale par manière d'allusion.

[99] Cf. *Revue Bénéd.* 34 (1922) 284 (n° 6); voir le texte du Ps. Prudence: R 133.

[100] Par exemple, à propos du dépouillement de l'autel la remarque „*in modum furantis*“ de l'*Ordo I* (*P. L.* 78, 953 *c*), reproduite de même dans l'Appendice du *I* (§ 8: ib. 963 *a*) ainsi que par Amalaire (*De ecclesiasticis officiis* I 73: *P. L.* 105, 1026 *c*) et par le Ps. Alcuin (*De diuinis officiis* 18: *P. L.* 101, 1209 *b*) est ainsi transposée: „*more furum*“. D'ailleurs, c'est plutôt d'un texte semblable à celui de Appendice du *I* que dépend la rédaction de l'Arsenal. — On trouvera plus loin d'autres données concordantes.

[101] Gel. I XLI 559 (Angoulême 648, 650).

[102] § 34.

[103] *P. L.* 105, 1024 *d*.

[104] Le Gélasien indique bien deux „leçons“, de même l'*Ordo I*.

[105] Cf. *Revue Bénéd.* 30 (1913) 41 (n° LXVII).

[106] *P. L.* 105, 1024 *b* et *d*.

[107] „Canunt hic aliqui tractum nuperrime compilatum *Eripe me*“ (*P. L.* 101, 1209) *a*.

[108] Voir l'évangéliaire de Wurzbourg: *RevueBénéd.* 28 (1911) 304.

ainsi fidèle au système adopté dans la section V. — Selon l'*Ordo I*, la dénudation de l'autel n'a lieu qu'au terme de la lecture. L'Appendice (§ 8) modifie l'aspect de la scène, en fixant le geste à la récitation du verset XIX, 24. Le manuscrit de l'Arsenal dépend précisément de cette nouvelle rédaction [109].

(5) Au cours des „oraisons solennelles" [110], c'est un „lecteur" qui proclame la génuflexion. Les documents authentiques de Rome [111] disent plus exactement que ce lecteur est un „diacre". — Il est entendu que la génuflexion n'est point faite pour les Juifs; l'*Ordo I* a déjà cette réserve [112], qui n'est pas primitive [113].

(6) Le rituel de la messe des présanctifiés est tout à fait semblable à celui que fait connaître l'*Ordo I* [114]. Celui-ci a sûrement fourni le modèle littéraire.

(7) La principale différence de la cérémonie porte sur l'adoration de la croix, dont les développements successifs apparaissent bien dans les textes. Le sacramentaire gélasien rappelle seulement que le pontife salue solennellement la croix („*adorans et osculans*"), avant de réciter le *Pater* [115]. Le Grégorien s'abstient d'aucune indication. L'*Ordo I* fait chanter l'antienne *Ecce lignum* et le psaume CXVIII, cependant que le peuple „salue" la croix [116]; ensuite commence ce que nous appelons la messe des présanctifiés et qui n'est qu'un service de communion pour toute l'assemblée. Le rituel de l'Arsenal décrit, au contraire, dans le plus grand détail une cérémonie complète d'adoration qui fait suite à la récitation du *Pater* et se confond presque avec la messe des présanctifiés. Nous sommes habitués à cette pompe et l'encadrement ne la fait plus aussi bien ressortir. A la fin du IXe siècle, elle devait être encore nouvelle. Les impropères et le trisagion ont des antécédents certains; pourtant, nombre de manuscrits postérieurs ne mentionnent pas ces textes ni les rites expressifs qui les mettaient en valeur [117].

2° On connaît dès lors la plupart des textes dont le recueil complète l'*ordo* (fol. 177^v—193^r). Il reste à indiquer trois prières qui n'ont pas été annoncées et qu'on est en effet assez surpris de rencontrer dans ce contexte; elles précèdent les impropères et les antiennes pour l'adoration de la croix: *Adoro te dne I. X. deus aeterne . . ., Dne I. X. gloriosissime conditor mundi . . ., Deus trine et une . . .* (fol. 190^r—192^r). Les deux premières ont des titres qui les rapportent à l'adoration de la croix; néanmoins, tout comme la dernière, qui échappe entièrement à la circonstance, elles sont dans le style des prières de dévotion privée. Plusieurs pontificaux employés par Martène [118] comprennent une prière analogue à la première, mais plus courte,

---

[109] De même Ps. Alcuin (*P. L.* 101, 1209 *b*), plus proche encore du texte de l'Arsenal.

[110] „*Sicut in sacramentorum continetur*", dit le texte (fol. 175^v), sans le mot *libro*, ajouté par Martène (133²). Cette référence vient de l'*Ordo I* § 28 (950 *c*) ou de l'Appendice § 5 (961 *c*). — On la retrouve encore d'autres fois dans notre recueil (195^r, 195^v: R 154², 155¹).

[111] Gel., Greg., *Ordo I*.

[112] § 28 et 34: *P. L.* 78, 950 *a*, 953 *d*.

[113] Le Gélasien ne la fait pas.

[114] § 35 et Appendice § 8.

[115] Gel. I XLI 562 (Angoulême 679).

[116] *P. L.* 78, 954 *b*, 963 *b*.

[117] Voir par exemple l'*ordo* de l'*Eligianus*, publié par Ménard: *P. L.* 78, 86. Au contraire, le sacramentaire de Ratold offre un *ordo*, moins élaboré sans doute que celui de l'Arsenal, mais semblable pour le reste; cf. *P. L.* ib. 332 (note 292).

[118] R 135², 136², 142².

que l'évêque est censé dire, étant prosterné devant la croix: *Adoro te dne I. X. in cruce ascendentem.* Ce dernier morceau a des origines assez anciennes, puisqu'on le retrouve dans un recueil anglo-saxon du commencement du IXe siècle qui ne doit pas en être le premier témoin [119]. Les trois prières du manuscrit de l'Arsenal me semblent plus récentes. On ne les rencontre pas encore dans les recueils carolingiens de *Preces* qui ont été signalés. En revanche, j'ai remarqué les deux premières depuis le XIIe siècle, isolées ou réunies, dans divers volumes de piété qui témoignent de la faveur dont elles ont joui au moyen âge [120].

VIII: fol. 193[r]—223[v]. Le **Samedi-saint et les cérémonies du baptême**: *„Incipit de sabbato sancto. Ordo baptisterii ... — Finit Ordo baptisterii sabbato sacratissime noctis."* [R lib. I cap. 1 art. 18: *Ordo IX*; cap. 2 art. 4: *Ordo IV;* lib. IV cap. 24: n° 3 (I 68[2]—69[1], 93[1]; III 154[1]—158[1])].

La correspondance des titres paraît garantir l'unité de cette section. Il s'agit bien en effet, principalement, du baptême; c'est à dire du baptême conféré normalement et solennellement dans la nuit du samedi-saint. On constate cependant, à l'analyse, que le compilateur a réuni, sans beaucoup d'ordre, des textes de provenance diverse, relatifs au baptême; il en a même rapporté un deux fois. Il nous faut donc encore reprendre son travail point par point et, pour ainsi dire, le disséquer.

La tâche est beaucoup facilitée par la publication de Martène. Celui-ci, à propos du samedi-saint (lib. IV cap. 24) a reproduit l'ensemble du morceau; à savoir, moins le texte de la plupart des formules particulières. Il a seulement omis la *„letania quina"* [121] et de même presque tout le détail de la *„letania terna"* (3° et 4°). En outre — et ceci est un tort plus grave — il a écarté de sa description, sans mot dire, le petit *ordo* pour l'admission d'un catéchumène (ci-dessous 6°) et la série disparate qui vient ensuite, concernant divers cas de réconciliation et d'exorcisme (7°). — Les extraits compris par Martène dans son premier livre font proprement double emploi avec les textes oints au quatrième. Mais il est vrai que la place de presque tous ces textes était bien le premier livre, pour illustrer la rituel du baptême [122].

1° *Ordo* sommaire pour la réception d'un catéchumène, suivi des exorcismes, de l'*Effeta*, du renoncement à Satan: *„Orationes ad catecuminum faciendum ..."* (fol. 193[r]). — A part l'*Effeta* et le renoncement, nous avon eu déjà tout cela dans la liturgie des scrutins (ci-dessus III[1]). Celle-ci est en effet le modèle et nous avons maintenant, non pas le dernier scrutin solennel

---

[119] *Book of Cerne* n° 19: éd. A. B. Kuypers (1902) 114 sq.; en réalité, la prière des pontificaux est formée seulement par la dernière portion de la prière de Cerne (ib. 116 l. 3).

[120] Ensemble dans Troyes 914 fol. 28[v] (*Dne*), 29[r] (*Adoro*). Celle-ci est encore dans Br. Museum Royal 5 E XXI fol. 5; l'autre, dans Mazarine 714 (après la série des prières de s. Anselme — manuscrit non paginé); Br. Museum Royal 5 E XX fol. 96[v]; Oxford, Bodleian L. Laud Misc. 79, fol. 109[v]; Troyes 1900, fol. 57[v], et 1373 n° 14.

[121] Annoncée fautivement: *„l. quinta"* (R 156[2]).

[122] La concordance est certaine: t. I 68—69 groupe trois passages qu'on retrouve successivement dans leur vrai contexte au t. III: 154[2] (§ *Item de sabbato sancto*), 155[1] (début du § 3), 157[1] (*uersus* attribués à Fortunat: noter que l'édition de I 68 sq. est plus correcte); — t. I 93[1] correspond à t. III 157[1] (dernier §). — En outre, je conjecture què le manuscrit de „Poitiers" cité R I 15[2] (*Ordo III*) concurremment avec plusieurs sacramentaires est notre pontifical lui-même. Il s'agit précisément de l'*ordo* pour l'admission d'un catéchumène qui s'est trouvé omis au t. III.

comme on pourrait le croire, mais simplement un abrégé tardif qui remplace les anciens scrutins et fait tenir en une seule cérémonie réservée (selon la perspective) au samedi-saint tous les actes préliminaires au baptême. Les textes cités sont traditionnels, du moins pour la plupart; on les retrouve positivement soit dans la Gélasien (I XXIX—XXXIII) soit dans la Grégorien (61). Mais la réalité littéraire est beaucoup plus simple encore. Cet *ordo*, à la fois sommaire et complexe, n'est rien autre chose qu'une portion de texte détachée du Supplément grégorien (IV—V), sous la forme que revêt ce supplément dans l'*Ottobonianus* [123]. Il est clair dès lors, une fois de plus, que le recueil de l'Arsenal porte bien sa date; il représente un remaniement de la liturgie romaine en France, quelque temps après l'exécution de la réforme carolingienne.

2° Autre *ordo* sommaire, semblable au précédent, mais diminué encore des exorcismes: *„Si quis nondum catecuminus ad baptizandum uenerit sabbato sancto . . ."* [124] (fol. 194ᵛ). — On s'aperçoit que ce morceau est une adaptation du sacramentaire grégorien dont tous les éléments littéraires et rituels sont repris [125], tandis que le morceau précédent est plutôt conforme à la tradition des livres gélasiens.

Ces deux rituels, qui ne décrivent ni l'un ni l'autre l'acte même du baptême, sont censés en relation étroite avec le samedi-saint. Une rubrique qui fait suite prévoit que les baptisés, y compris les enfants à la mamelle, devront communier pendant toute l'octave de Pâques [126]. Il est possible en effet que le baptême ait été ainsi administré, sans solennité, en de petites églises. Rien même n'empêcherait de l'administrer ainsi en tout temps. Mais voici maintenant la vraie fonction du samedi-saint.

3° *„Mane igitur huius sancti sabbati accelerantur altaria omnia exornari . . ."* (fol. 195ʳ). — Une longue et précieuse rubrique, du même style à la fois abondant et minutieux qui nous a déjà résumé les rites des jeudi et vendredi, trace un tableau achevé de la fonction, depuis les premiers préparatifs jusqu'à l'office des vêpres. La lettre des textes suivra, comme au vendredi.

L'image brillante qu'on nous fait admirer se ramène incontestablement aux indications de l'*Ordo Romanus I* (§ 57—45). Aussi bien référence est donnée expressément, en deux endroits, aux coutumes de l'Église romaine. Mais que de détails nouveaux mis en évidence, et combien on semble rechercher davantage la splendeur du culte! De toute façon, il y a développement [127],

---

[123] Cf. Muratori op. l. II 152—157; H. A. Wilson, *The Gregorian Sacramentary* (1915) 159—162.

[124] Noter que cette réserve par quoi commence la rubrique n'est pas énoncée en opposition avec l'*ordo* qui précède. Dans les deux cas, le sujet à baptiser n'est pas encore catéchumène et on lui donne tout d'abord cette qualité. La différence des textes s'explique donc, à mon avis, par une différence d'origine littéraire, non point par une différence de situation. Le compilateur a rapproché deux morceaux parallèles qui valent autant l'un que l'autre, mais qui sont rédigés l'un plus brièvement, l'autre plus conformément aux anciennes solennités.

[125] Muratori 60 sq.; à compléter par l'*Ordo Romanus I* § 37 (954 sq.).

[126] Cette rubrique n'est, en fait, qu'un décalque très apparent d'une disposition de l'*Ordo I* § 46 (957 sq.).

[127] Je note cette fois quelques traits symboliques, mais d'un symbolisme encore naturel et qui ressort de la situation. Le cierge pascal est *in typo columnae* ⟨*ignis*⟩ . . . (R 154²). Les deux gros cierges allumés au cierge pascal sont *in typo duorum angelorum in sepulcro domini*; ils portent, en effet, des inscriptions qui déclarent ce symbolisme (R 155¹). Amalaire qui connaît aussi les deux cierges supplémentaires

et le recueil de l'Arsenal se situe plus tard; on peut même dire qu'il annonce les grands „ordinaires“ des XIIᵉ et XIIIᵉ siècles qui règleront les pompes liturgiques dans les vastes cathédrales „romanes“ ou „gothiques“.

(1) Tous les autels sont ornés et tendus de courtines; le cierge pascal est aussi préparé; les enfants, rangés sous le porche, reçoivent les premières onctions de l'*Effeta*.

(2) A la dixième heure[128], le cortège épiscopal se déroule. Le cierge pascal est aussitôt béni par un diacre qu'entourent des enfants. La lumière est prise à la *candela in modum colubri* qui a été un ornement spécial des cérémonies depuis le jeudi[129]. Avec un stylet, le diacre inscrit sur la cire „tant les années du Seigneur que l'indiction“[130].

(3) Deux autres cierges, ayant taille humaine, sont allumés à leur tour; deux notaires les tiennent. Des inscriptions précisent leur signification; ils seront apportés et allumés chaque jour de l'octave avant l'évangile.

(4) On commence alors la lecture des prophéties soit „*secundum Gelasium*“ soit „*secundum Gregorium*“. Cette référence d'un extrême intérêt fait bien saisir la dualité des usages et des livres liturgiques. Le compilateur sait distinguer le sacramentaire grégorien qui n'a que quatre leçons, suivies chacune de l'oraison afférente[131], et le sacramentaire gélasien, pourvu de douze leçons, suivies également d'oraisons et toutes précédées par l'oraison *Deus qui diuitias*. Or, pour cette seconde série, entendons bien que le compilateur ne se réfère ni au vieux Gélasien[132] ni non plus au Supplément grégorien[133], mais exactement à la révision gélasienne du VIIIᵉ siècle[134].

(5) Ensuite, on se rend solennellement aux fonts, en chantant la *laetania septena*.

(6) Trois cierges sont bénis devant l'autel des fonts, pour défendre de la foudre, des tempêtes et autres calamités. De cette cérémonie particulière, notre recueil paraît être encore le premier témoin, et il est intéressant de constater que la formule de bénédiction est empruntée pour une part au *praeconium* du Gélasien *(Deus mundi conditor . . .)*[135].

---

par son „*Libellus*“ romain aime mieux y reconnaître le chœur des apôtres (*De eccl. off.* I 20: *P. L.* 105, 1038 *c*). Voir pour le reste Franz op. l. I 548. — Enfin, les trois litanies sont mises en relation avec le mystère de la Trinité.

[128] *Ordo I* marque la neuvième.

[129] Voir R 101², 155¹. Sur le développement de cet usage, cf. Franz op. l. 508 sqq.

[130] C'est la plus ancienne mention de cette coutume; cf. R cap. 23 § VII 146 sq., et Franz op. l. 549 n. 1; voir aussi *Dict. Arch. chr. et Lit.* IV (1920) 558. — Dans une note ultérieure de la rubrique (R 155²), le rédacteur attribue le *praeconium* „traditionnel“ à s. Augustin; il a pu trouver ce renseignement dans un livre gélasien (cf. Angoulême 732). Il paraît aussi faire allusion à la lettre de s. Jérôme à Praesidius (cf. Franz op. l. 521, 533 sq.) et explique, en tout cas, l'omission du passage sur l'*apis mater*.

[131] Muratori 61 sq.; de même l'*Ordo I* § 40 (955 sq.), l'Appendice § 9 (964 *a*), Amalaire, *De eccl. off.* I 19 (1335 sq.). Pour les témoins postérieurs, cf. R 148² (§ 17).

[132] I XLIII 566—568.

[133] II—III 147—149. Ce n'est pas le Supplément, en effet, qui a pu apprendre au rédacteur que le groupe des douze leçons était „*secundum Gelasium*“.

[134] Par exemple Angoulême 741—753. Il est d'ailleurs possible qu'un seul et même sacramentaire ait fourni au compilateur les deux séries ensemble. Ce pourrait être le sens de la rubrique familière: „*sicut in sacramentorum continetur*“ (fol. 196r: R 155¹).

[135] I XLII 564 sq.; de même Angoulême 731 et le Supplément grégorien II 145. Pour tout ceci cf. Franz op. l. 515.

(7) La bénédiction des fonts est aussi accompagnée de plusieurs rites significatifs: l'ampoule du saint chrême est suspendue au bec d'une colombe qui est elle-même renfermée dans une sorte de tourelle; on chante l'hymne *Urbs beata Hierusalem*; les cierges des enfants sont plongés dans l'eau, non allumés, pendant la bénédiction; l'évêque agite l'eau trois fois avec sa main droite.

(8) Pendant l'acte du baptême, on chante l'hymne *Tibi laus perennis*, qui n'a aucune attestation ailleurs; et pendant la consignation, la *laetania quina*. Après un temps d'arrêt, on commence la *laetania terna* qui sert d'introït à la messe.

Si l'évêque n'était point présent, il est disposé que la cérémonie se poursuivrait dans un autre ordre; à savoir: *laetania septena*, bénédiction du cierge pascal, lectures, *laetania quina* pour se rendre aux fonts, bénédiction des trois cierges, baptême, *laetania terna*. Au total, on observe le même rite sans changement, mais les trois litanies sont déplacées et forment un cadre.

(9) Le rédacteur rapporte encore qu'à Rome, au matin du samedi-saint, l'archidiacre procède à la confection des agneaux de cire, dont la vertu est merveilleuse. Cette notice paraît dépendre de l'Appendice à l'*Ordo 1* (§ 3); elle s'en distingue pourtant par divers détails, notamment en mentionnant l'emploi du chrême[136].

(10) A la fin de la litanie, les diacres, qui sont au nombre de sept, cinq ou trois, viennent se ranger savamment près de l'autel, après l'avoir baisé; les céroféraires leur font vis à vis de l'autre côté. Sur l'ordre du préchantre, on illumine toute l'église, puis on met en branle toutes les cloches[137].

(11) On célèbre la messe et les vêpres. Le rédacteur a noté un peu plus haut, avec une curieuse prolixité, que le *Gloria in excelsis* ne devait pas être entonné avant le milieu de la nuit, ou plus exactement avant l'apparition de „l'étoile“[138]; il fait valoir deux raisons de cette coutume: une tradition apostolique sur la venue du Christ, tradition consignée par saint Jérôme et dont saint Jérôme est certainement le garant pour le rédacteur[139]; le témoignage de pèlerins retour de Jérusalem[140], d'après lequel dans l'église du Sépulcre, la veille de Pâques, on attend qu'une lampe ait été allumée par le ministère d'un ange.

4° Les textes qui complètent la rubrique sont présentés dans l'ordre prévu pour le cas où la fonction est accomplie par un prêtre; il y a là, peut-être, un indice d'origine. Ce sont, d'une manière plus précise: la *laetania septena* (fol. 200 r), la *benedictio cerei* (202 r)[141], les *lectiones secundum Gelasium* (204 r)[142], les *lectiones secundum Gregorium* (207 r), la *laetania quina*

---

[136] A ce sujet voir Franz op. l. 555 sqq., auquel le témoignage du pontifical de Poitiers a échappé; la première mention du chrême qu'il signale est du XII⁰ siècle.

[137] Pour tous ces détails, l'amplification par rapport à l'*Ordo I* est très sensible. Il m'est impossible ici de préciser chaque point en particulier.

[138] Rapprocher un autre rituel cité par Martène: R t. III 152² (dernier §).

[139] Cf. Franz op. l. 519 n. 2. Peut-être le rédacteur ne connaît-il le texte de s. Jérôme que par l'intermédiaire d'Amalaire (*De eccl. off.* I 16: 1033 a).

[140] Le récit prend en ce paragraphe (R 155²) la forme d'un témoignage personnel qui mérite d'être retenu: „. . . *sicut ueracium personarum relatione traditur qui nostro tempore de Hierusalem aduenerunt*“.

[141] L'*Exultet* est noté, de première main, je crois.

[142] Pour les deux séries de lectures, les oraisons seules sont données intégralement.

(208 r), la bénédiction des trois cierges (209 r), les „*Versus*" *Urbs beata Hieru-salem* (210 r), la *benedictio fontis* (210 v), les prières du baptême (212 v), les „*Versus*" *Tibi laus perennis* (213 r), les prières de la consignation (213 r), la *laetania terna* (213 v). Je ne m'arrêterai qu'aux morceaux les plus importants.

(1) Les trois litanies méritent l'attention, parce que seules, avec la litanie du jeudi-saint, elles sont capables de nous donner quelque idée du milieu réel dans lequel le recueil a été rédigé; encore ne faut-il pas exagérer leur valeur probante. Tout ce qu'on peut en conclure provisoirement, c'est qu'elles ont été composées, ou du moins qu'elles ont reçu leur dernière forme, quelque part en France. Les provinces méridionales sont sûrement hors de question. Comme précédemment, Paris ne me semble pas un terme incroyable. Mabillon s'est demandé si une invocation ne visait pas précisé-ment l'Église de Poitiers. On lit en effet cet article dans la troisième litanie (fol. 215 r): „*Ut congregationem sci Petri in tuo apto seruitio conseruare digneris . . .*" Il est vrai que la cathédrale de Poitiers portait le titre de S. Pierre. Mais de combien d'églises, séculières et monastiques, saint Pierre n'a-t-il pas été le patron, en France et ailleurs[143]? On peut imaginer diverses explications de cette donnée, trop vague réellement pour être retenue comme un fait solide. Il est plus pertinent de faire remarquer que l'article relevé par Mabillon a son pendant dans la première litanie (fol. 201 v: R 156 a): „*Ut ill. abbatem et cunctam congregationem sci ill. in tuo apto seruitio conseruare digneris . . .*"[144]. De ce rapprochement, on aurait le droit de con-clure, en raisonnant strictement, que „la congrégation de s. Pierre" était un corps monastique. Cette hypothèse est sans doute plausible[145]. Je n'ose la présenter comme certaine. Car c'est un fait que le recueil de l'Arsenal dé-pend de sources complexes et que le rédacteur n'a pas cherché à les fondre complètement de manière à donner à son œuvre un caractère original. En tout cas, nous restons bien, avec ces textes, en France, et dans les trois litanies „l'empereur" a cessé de faire figure, remplacé qu'il est toujours par „le roi" simplement. J'indique en note le détail des invocations personnelles[146].

---

[143] En France, par exemple, outre Poitiers: les Églises d'Angoulême, Beauvais, Châlons, Lisieux, Nantes, Rennes, Saintes, Senlis, Troyes, Vannes etc.; et parmi les abbayes: Beaulieu (dans le bas Limousin), Cluny, la Couture, Corbie, Langres, Luxeuil, Lyon, Mâcon, Mont-Blandin, Sens etc.

[144] Martène a légèrement modifié la teneur du texte.

[145] J'ai songé parfois que la mention de Rodolphe évêque de Bourges (ci-dessus VI 1°), qui est un autre trait notable du recueil, pourrait orienter l'enquête vers l'abbaye St. Pierre de Beaulieu, dont Rodolphe fut le fondateur; cf. *Gallia Christiana* II (1720) 601 sq. A défaut d'un point de repère vraiment solide, il est du moins permis d'indiquer cette coïncidence.

[146] **Martyrs:** a) [*Septena*] Étienne, Denis-Rustique-Éleuthère, Laurent, Sébastien, Quentin, Cucufat, Julien, Lucien;

b) [*Quina*] Étienne, Lin, Clet, Clément, Ignace, Denis, Fabien, Sébastien, Georges, Pierre, Christophe, Eustache;

c) [*Terna*] Étienne, Denis-Rustique-Éleuthère, Sixte, Georges, Côme-Damien, Vincent, Symphorien, Gervais-Protais, Géréon, Innocent, Pérégrin, Eustache.

Confesseurs: a) [*Septena*] Hilaire, Martin, Benoît, Germain, Jérôme, Grégoire, Colomban, Mesmin, Cloud, Samson;

b) [*Quina*] Hilaire, Martin, Ambroise, Silvestre, Maur, Maurille, *Licini* (pro-bablement S. Lézin évêque d'Angers au commencement du VII° siècle):

c) [*Terna*] Silvestre, Hilaire, Martin, Brice, Ambroise, Augustin, Grégoire, Da-mase, Léon, Jérôme, Médard, Vaast, Germain, Marcel, Hilaire.

(2) Les formules du baptême ont été quelque peu brouillées par Martène (R 157[1]). La rubrique *„Post haec baptizatur et linitur“*, suivie de la formule pour l'onction postbaptismale, est un emprunt manifeste au sacramentaire grégorien (65). En d'autres termes, la formule précise du baptême n'est pas rapportée et, par suite, l'onction postbaptismale est bien à sa place. Ce qui suit, c'est à dire la triple interrogation et la triple immersion, se présente dans la marge inférieure du manuscrit[147] et, sans doute, est destiné à compléter le mot *baptizatur* de la rubrique, le sacramentaire grégorien n'offrant pas la forme du baptême. Ces textes, aussi bien, proviennent du Supplément grégorien (II 157)[148], comme il est facile de s'en rendre compte. Ainsi tout s'explique, et l'ordre de la cérémonie et la nature des formules. Mais il convient encore de prendre garde à deux traits particuliers.

a) Au lieu de *„Ego te baptizo“*, qui est le texte premier, un correcteur, voulant continuer le dialogue du prêtre et des parrain et marraine, a écrit à la troisième personne: *„Ego eum baptizo“*[149].

b) Le baptisé est revêtu d'une robe blanche, qui lui est imposée au moyen d'une formule expresse. Cette formule, étrangère aux livres romains, absente même du Supplément, appartient à l'ancien usage gallican[150]; on ne la retrouve ensuite qu'assez tard dans les rituels qui sont les témoins d'un usage complexe[151]. C'est donc avec ceux-ci que doit se classer le recueil de l'Arsenal.

(3) L'hymne *Tibi laus perennis*[152], chantée pendant le baptême, est attribuée par la grande rubrique à Fortunat: *„Versus Fortunati presbyteri ad baptizandum“* (R 154[1]). Ce qualificatif de prêtre enlève déjà beaucoup de portée à l'indication, si l'on prétend en tirer parti pour rapporter le volume à Poitiers. Il est vrai que cette pièce n'a pas d'autre témoin. Mais l'on a déjà vu qu'un poème de Paulin d'Aquilée est donné sans embarras sous le nom de Bède (VI 6°). D'autre part, le *Pange lingua*, œuvre certaine du même Fortunat, est joint aux antiennes pour l'adoration de la croix et laissé anonyme. Enfin et surtout, il n'y a aucune raison valable d'imputer à l'impeccable métricien qu'était Fortunat cette mauvaise versification[153].

(4) La première formule pour la „consignation“ ou confirmation est

---

Vierges: a) [*Septena*] Félicité-Perpétue, Pétronille, Agathe, Lucie, Agnès, Cécile, Geneviève, Brigide, Scolastique, Eulalie, Colombe, Radegonde, Aldegonde, Sabine, Anastasie;

b) [*Quina*] Tècle, Eulalie, Anastasie, Blandine, Natalie, Susanne;

c) [*Terna*] Anastasie, Sabine, Tècle, Eugénie, Eufémie, Eulalie, Reine, Julienne, Basilisse, Gertrude, Colombe, Geneviève, Scolastique, Susanne, Afre, Radegonde, Aldegonde, Darie, Brigide, Paule.

[147] De première main, je crois.

[148] Cette alternance de l'interrogation et de l'immersion semble n'être pas primitive dans l'usage romain; cf. P. de Puniet, *Dict. Arch. chr. et Lit.* II (1910) 304 sq. Toutefois, on la rencontre déjà, non seulement dans les témoins de l'usage gallican (*Gallicanum Vetus, Bobiense:* Muratori II 741, 851), mais dans l'*Ordo I* (§ 43).

[149] Il est en pleine ligne et gratté, *eum* de seconde main au dessus de la ligne.

[150] *Gothicum, Bobiense:* Muratori II 592, 852. Elle est aussi dans le missel irlandais de Stowe.

[151] Par exemple, Léofric (éd. Warren 1883) 288[2], et Fulda 2713.

[152] Cf. Chevalier, *Repert. Hymnol.* 20467; voir le texte *P. L.* 88, 96; Dreves, *Analecta Hymnica* L (1907), 84 sq.; Leo, *Mon. Germ. Hist. — Auct. Antiquissimi* IV 1 (1881) 382 sq.

[153] Cf. Leo ib. XXIV.

commune aux livres romains[154]. La seconde: *„Signat te Deus sigillo fidei suae in consignatione fidei . . .“* est d'une rare originalité. Il est d'ailleurs impossible qu'elle soit ancienne, puisqu'on n'en trouve pas d'analogues avant le Xe siècle; néanmoins, elle se distingue par sa teneur de tous les textes de consignation qui ont été jusqu'à présent recueillis[155].

L'*ordo* solennel du samedi-saint est suivi de quatre formulaires dont les trois premiers échappent complètement à la circonstance et le dernier, qui ramène au samedi-saint, est une pure répétition. La rédacteur a voulu parer, sans doute, à toutes les éventualités possibles concernant l'administration du baptême; mais il a puisé pour cela avec quelque hâte dans les recueils de textes mis à sa disposition.

5° *Ordo* pour le baptême d'un enfant malade: *„Si autem infirmus infans allatus fuerit . . .“* (fol. 215^v). — A très peu de chose près, c'est le formulaire *„ad succurrendum“* de l'ancien rituel gélasien[156]. Le rédacteur a seulement ajouté, au commencement, l'oraison qui termine les scrutins (*Aeternam ac iustissimam . . .*)[157] et, à la fin, la formule directe pour l'imposition de l'aube baptismale.

6° *Ordo* pour l'admission d'un catéchumène à une date indéterminée: *„Ad caticuminum faciendum ex pagano: Gentilem hominem cum acceperis . . .“* (fol. 217^r). — Ce bref formulaire provient d'une section du sacramentaire gélasien qui est voisine de la précédente[158]. Pour l'historien, il est très important en raison de son antiquité[159]; mais on n'aperçoit plus sa raison d'être à l'époque carolingienne.

7° Série de formules relatives à divers cas de réconciliation (fol. 218^v); leur provenance est assez disparate et, ici encore, on peut se demander si, le plus souvent, leur insertion n'est pas le résultat d'un travail superficiel de copie. Il suffira d'énumérer en renvoyant aux sources[160]:

(1) *„Reconciliatio ab hereticis rebaptizati“*; *„alia minoris aetatis“*; *„item alia minoris aetatis“*: Gel. I LXXXVII 608 sq.;

(2) *„Benedictio super eos qui de diuersis heresibus ueniunt“*: Gel. I LXXXVI 607.

(3) *„Reconciliatio redeuntium a paganis“*: Gel. I LXXXV 607[161].

(4) *„Reconciliatio altaris ubi homicidium perpetratur“*: *Deum indultorem . . ., Ds cuius bonitas . . .*: Engol. 2027 sq.[162]

(5) *„Oratio super eos qui morticinum comedunt“*: *Ds qui hominem . . .*: Engol. 2018[163].

(6) *„Oratio quando manus imponuntur super energumenum caticu-*

---

[154] Gel. I XLIV 571; Greg. 85.

[155] Cf. R t. I 92—97.

[156] I LXXII—LXXV 594—596 (Angoulême 1996 sqq.).

[157] Gel. 537, Greg. 60, Suppl. 155.

[158] I LXXI 593 (Angoulême 1990—1994). Voir aussi R t. I 15[1].

[159] Cf. P. de Puniet, *Dict. d'Arch. chr. et de lit.* II (1910) 2605, 2607.

[160] Je cite, chaque fois qu'il se présente, le vieux Gélasien (Regin. 316), qui commande les textes révisés du VIIIe siècle (Angoulême, Gellone, Rheinau etc.).

[161] Dans ce cas, le Gélasien fournit le type, qui est conservé encore tel quel au VIIIe siècle (Angoulême 2013); mais le texte final est celui de Léofric 229[1].

[162] D'où, ensuite, Ottoboni (Muratori II 141 sq., Wilson op. l. 150 sq.), et Léofric 229[2] sq. L'archétype du sacramentaire d'Angoulême avait déjà ces deux textes sans doute; ils manquent dans le Reginensis, ainsi que le suivant.

[163] De même Léofric 229[2]. Cf. Franz op. l. I 618; mais le texte est plus ancien que Franz ne le pensait.

minum“; „alia super energumenum paruulum non baptizatum“: Gel. I
LXVII—LXVIII 591 sq. [164]

(7) *„Item oratio exorcismalis super energumenum baptizatum“; „alia
oratio super eundem“; „Item oratio cum exorcismorum imperatiua inuo-
catione“:* Suppl. CXLVI 237 sqq.

8° Dernier *ordo* baptismal rapporté au samedi-saint: *„Item de sabbato
sancto: Si quis nondum catecuminus . . .“* (fol. 223ᵛ). Mais nous avons déjà
lu tout cela, dans les mêmes termes exactement, sous le 2°.

IX: fol. 223ᵛ—227ʳ. **La Messe et l'office de la vigile pascale:** *„Statio
ad scm Iohannem in Lateranis. Post letaniam ternam ad introitum dicitur
Gloria in excelsis . . .“* [R lib. III cap. 24: n° 1 (IV 1772—178¹).

Le rédacteur retourne en arrière, afin de donner le texte de la messe
pascale du samedi-saint. Les prières de cette messe sont suivies des *„Anti-
phonae lectiones et responsoria super nocturnos“* (fol. 225ᵛ), c'est à dire d'un
office à trois leçons, auquel sont jointes les antiennes des laudes. L'extrait
de Martène commence avec cet office de la nuit, qui diffère peu de celui
qui est célébré maintenant selon le rit romain. Il est donc inutile d'insister,
puisque tout ce cadre est familier. J'en dis autant d'avance pour les deux
sections suivantes, qui n'ont pas beaucoup à nous apprendre. Mais ce n'est
pas admettre que l'usage actuel représente une tradition ininterrompue. Les
trois antiennes pour le nocturne ne se trouvaient pas dans l'antiphonaire
romain dont se servit Amalaire [165]; celui-ci, pourtant, en constatait la présence
dans l'antiphonaire de Metz, et nous les lisons de même dans les antiphonaires
de Compiègne et de Hartker. Tommasi et Vezzosi ont pensé que ces antiennes avaient été employées tout d'abord à Rome [166]; la raison qu'ils en
donnent est, à vrai dire, sans force; néanmoins, le témoignage de notre
recueil paraît justifier leur conjecture. Les trois répons sont à l'avenant.
Les leçons, contrairement à l'indication de l'*Ordo I* (§ 47), sont tirées d'une
homélie de saint Grégoire recommandée par Paul Diacre [167]; ce sont aussi
celles qui ont fini par fixer l'usage.

X: fol. 227ʳ—230ʳ. **La Messe et les heures du dimanche de Pâques:**
*„Domc. scm Paschae statio in principio hoc est ad basilicam maiorem scae
dei genetricis . . .“* [R ib. 178¹].

Après une rubrique grandiloquente, le rédacteur présente toutes les
pièces qui composent la messe du dimanche de Pâques: antiennes, lectures,
oraisons. On y remarque: une seconde „préface“, fournie par les livres gélasiens [168]; une antienne *„ante communionem“ (Venite populi ad sacrum
inmortale)* qui est un trait gallican [169]; une seconde formule de postcommunion
qui vient encore de la tradition gélasienne [170].

---

[164] Mais, probablement, la rédaction de l'Arsenal dépend de Suppl. CXLIV
—CXLV 237, qui doit avoir aussi fourni les formules suivantes. Tout ce même
groupe est passé dans Léofric 233 sq.

[165] *De ordine antiphonarii* 45 (*P. L.* 105, 1293).

[166] Vezzosi, *Thomasii opera omnia* IV (1749) 236 sq. (n. D et 1).

[167] Cf. F. Wiegand, *Das Homiliarium Karls des Großen* (1897) 38 n° 5.

[168] Gel. I XLVI 573 (Angoulême 770); d'où Regin. 337 et Ottob. (Muratori II
227, 313).

[169] A ce sujet, voir R t. I 155 (§ VI); et rapprocher Vezzosi op. l. V (1750)
98¹, 285¹.

[170] Gel. (ib.) 574 (Angoulême 779).

A prime, après les psaumes, on dit le verset *Exurge dne adiuua nos;* on omet les „*capitula consuetudinaria*“. Aux autres heures diurnes, tous ensemble chantent le „graduel“ *Haec dies*, et ce détail du moins vient de l'office romain[171]. C'est un prêtre qui préside au choeur.

Le dessin des vêpres, tracé minutieusement, reproduit avec quelques changements celui de l'Appendice de l'*Ordo I*[172]. Tous ont revêtu des aubes pour cet office. On fait une procession aux fonts, puis „à d'autres églises“ „*secundum positionem loci*“[173]. On emploie les oraisons marquées „*in sacramentorum*“ — c'est à dire sûrement dans le sacramentaire grégorien — pour les fonts, la Croix et S. André.

Ici, avec la longue rubrique, prend fin l'extrait de Martène, qui est aussi bien le dernier. Le recueil ajoute: la série des oraisons pour les heures diurnes depuis „matines“, y compris les oraisons pour la procession (fol. 230r)[174]; ensuite, la série des antiennes „*de eodem die*“, qui sont en réalité toutes les antiennes particulières pour l'office solennel des Vêpres telles qu'on les a ensemble dans l'Appendice de l'*Ordo I*[175].

XI: fol. 230v—258v. **L'Octave de Pâques**: „*Fr. II . . . Item missa pro parroechias in diebus paschalibus pro aecclesiae augmentatione in credentium profectibus*“.

Désormais, aucune rubrique n'égaie la rédaction; nous n'avons plus qu'une suite toute nue de textes. C'est ce qui explique probablement pourquoi Martène, plus intéressé aux rites qu'aux formules, a renoncé à citer davantage.

1o Pour chaque férie de la semaine pascale, la rédaction comprend un nocturne à trois leçons, les matines, la messe et les oraisons des vêpres. Les leçons de l'office sont exactement celles de l'homéliaire de Paul Diacre[176], excepté pour le samedi, dont l'ancienne leçon Ioa. XX 19—31 *(Stetit Iesus)* a été remplacée par Ioa. XX 1—9 *(Una sabbati M. Magdalene),* d'où l'homélie XXII de saint Grégoire sur cette péricope; c'est aussi l'usage actuel, déjà attesté dans le *Comes* de Murbach, tandis que les fragments grégoriens du Cassin et l'évangéliaire de Wurzbourg confirment la tradition ultramontaine dont Paul Diacre est le témoin. A la messe, les stations sont indiquées comme dans le sacramentaire grégorien. Les antiennes concordent également avec celles des antiphonaires romains et les indications de l'Ottobonianus. Mais chaque jour a sa „préface“ propre, et en cela les messes diffèrent de l'*ordo* grégorien[177].

---

[171] Cf. *Ordo I:* § 47, Appendice § 11, Amalaire *De ord. antiph.* 52.

[172] § 12; même *ordo* dans l'antiphonaire de Compiègne (*P. L.* 78, 778 sq.).

[173] Rubrique mal rapportée par Martène.

[174] Ces dernières, au nombre de trois, sont bien connues (Greg. 68). Les autres se retrouvent çà et là dans le sacramentaire grégorien au cours de la semaine de Pâques; je les indique d'après les chiffres du sacramentaire d'Angoulême: 800, 783, 836, 813, 784.

[175] De même dans l'*ordo* de l'antiphonaire de Compiègne. — A noter que la rubrique renvoie expressément à „l'antiphonaire“, de même qu'elle a renvoyé au sacramentaire; l'un et l'autre livre auront donc été employés.

[176] Cf. Wiegand op. l. 39 sq.: nos 9—13.

[177] Mais ces préfaces ne correspondent pas aux préfaces qui sont données uniformément dans les livres postérieurs d'après le modèle de la révision gélasienne (voir par exemple Muratori II 313 sq.). En tout cas, je ne puis les identifier, avec mes seules notes. En voici la liste: (fer. 2) *In huius sacratis,* (3) *Quoniam uni-*

2⁰ Le dimanche octave de Pâques est présenté semblablement (fol. 252 v). Mais nous avons la surprise de rencontrer cette fois un office à douze leçons [178]: à savoir le passage des Act. Ap. XIII 13—41 *(Et cum a Papho)*, partagé en huit sections, puis l'homélie régulière de Paul Diacre, donnée de même en quatre portions. Ce fait indique donc décidément un usage monastique. La seule objection qu'on puisse faire est que cette particularité vaut moins pour le recueil de l'Arsenal que pour le manuscrit duquel ce recueil pourrait dépendre. Mais il reste à savoir si tous les éléments de cet assemblage sont nécessairement empruntés. Et, quoi qu'il en soit, le copiste se rendait bien compte qu'il acceptait un système de trois nocturnes à quatre leçons chacun, c'est à dire une distribution liturgique qui n'était point romaine ni séculière, mais utilisable seulement pour des moines. Le reste est conforme à la messe grégorienne, excepté la préface propre [179].

3⁰ Aussitôt après, nous lisons une nouvelle rubrique: „*Item missa in octauis paschae pro baptizatis*“ (fol. 256 v). Ce doublet est fourni par la messe gélasienne pour l'octave: Gel. I LIII 578 sq. [180]

Ce sont de même les livres gélasiens qui expliquent la présence des deux articles suivants, complémentaires:

4⁰ „*Orationes et preces ad missam de pascha annotino*“ (fol. 257 r): Gel. I LIV 579 sq.

5⁰ „*Item missa pro parroechias . . .*“ (fol. 257 v): Gel. I LV 580 sq. De part et d'autre, la coïncidence est parfaite [181].

XII: fol. 258 v—269 r. **Symbole de foi**: „*Fides catholica continens credulitatem uerae et apostolicae atque uniuersalis ecclesiae fidei tam de patris et filii et spiritus sancti diuinitate quam de dni et saluatoris nostri I. X. incarnatione et de ceteris ecclesiasticae sanctionis definitionibus quibus uniuersitati credentium iuxta apostolicam doctrinam apostolicorumque uirorum traditionem atque canonum promulgationem preferuntur arma quorum dogmatum uera credulitas cum bonorum operum exsecutione remuneratur a deo in hominibus iustis sempiterna beatitudine in uita eterna quae est cognitio ipsius per I. X. dnm n.*“

Tel est le titre, entièrement écrit en capitales rustiques, du morceau qui commence ce qu'on pourrait appeler le supplément du recueil. L'usage même de cette pièce n'est pas déterminé. Elle me paraît être, dans son tion première, une profession de foi catholique et d'obéissance au siège apostolique, de la part d'un évêque nouvellement élu [182]. J'ignore si elle est inédite ou non. L'adoptianisme y est contredit brièvement; la question de la prédestination y est aussi traitée; mais, surtout, l'autorité de l'Église romaine -- „*caput et mater ecclesiarum*“ — y est exprimée en termes d'une rigueur absolue [183]. C'est donc un texte d'origine ou d'inspiration ultramon-

---

genitus, (4) *Qui post triumphum,* (5) *Per quem uita,* (6) *Qui post resurrectionem,* (sabb.) *Qui in unigeniti.*

[178] Ni les psaumes ni les répons ne sont indiqués.

[179] *Quoniam beneficia.*

[180] Il y a toutefois plusieurs différences pour cette messe. Angoulême (830 sqq.), de son côté, confond ses sources gélasienne et grégorienne. La messe du sacramentaire de Fulda 789—797 est un peu plus proche de celle de l'Arsenal, qui se termine en effet par le n⁰ 797 de Fulda.

[181] Cf. Angoulême 867—872, 873—878.

[182] Cf. R t. II 27 sq. (art. VIII—IX) et 59.

[183] Par exemple: „*. . . Nouit sane cuncta per mundum ecclesia quoniam ligata*

taine, et il n'est pas étonnant qu'on le rencontre dans un livre de la fin du IXᵉ siècle; il représenterait assez bien la politique pontificale de Nicolas Iᵉʳ J'en rapporterai seulement les premières et dernières phrases:

Credo et confiteor dm patrem omnipotentem ingenitum cunctorum uisibilium et inuisibilium conditorem. Credo et confiteor dnm nrm I. X. filium dei uerum deum ex patre natum ante omnia saecula per quem creata sunt omnia caelestia et terrestria uisibilia et inuisibilia non factum aut adoptiuum sed ab ipso genitum nec solum genitum sed etiam unigenitum et unius cum eo substantiae — Hanc fidem in ecclesia a maioribus discens toto corde tota mente totis conaminibus tam interioris quam exterioris hominis iam me amplecti et uenerari profiteor et obseruare cum superno adiutorio desidero. Per I. X. dnm nrm.

XIII: fol. 269ʳ—273ʳ. **Messe pour les femmes stériles:** „*Missa pro coniugibus sterilitate infecundis in procreatione prolis.*"

Ce morceau peut être regardé comme le prélude des bénédictions variées qui forment la section suivante; de plus, il fait pendant à la section finale qui donne la messe de mariage avec la bénédiction nuptiale.

1ᵒ La messe, chargée de formules, rappelle par sa composition plusieurs messes qu'on a déjà rencontrées dans le recueil (II 3ᵒ et VI 2ᵒ, 3ᵒ). On en retrouve presque tous les éléments dans la tradition gélasienne[184]. Les textes de celle-ci ont sans doute été rédigés en France au début du moyen âge; mais il n'importe pour le moment.

(1) Des quatre collectes, la première échappe à ma documentation (*O. s. d. mundi conditor — copulari meruerunt*); les trois autres correspondent aux collectes 7, 1 et 3 de la messe gélasienne.

(2) On a ensuite trois formules *Super oblata*. La première encore est sans analogue, à ma connaissance (*Suscipe dne — iocunditatis lacticia*); les deux autres sont les collectes 6 et 2 de la messe gélasienne.

(3) La longue préface (*Qui inuisibili potentia*) est rapportée dans le sacramentaire de Gellone[185]. Le *Hanc igitur* particulier a été édité d'après la messe gélasienne.

(4) Enfin, quatre formules pour la communion: la première est isolée (*Dne s. p. — capiant sempiternam*); les autres sont la „postcommunion" gélasienne et les collectes 4 et 5 de la même messe.

2ᵒ Quatre groupes de lectures appropriées accompagnent cette messe: Is. LIV, 1 et Luc. I, 11; — Gen. XVII, 15 et Luc. I, 35; — Gen. XXV, 21 et Luc. XI, 9; Gen. XXX, 22 et Ioa. XV, 1[186].

XIV: fol. 273ᵛ—277ᵛ. **Bénédictions diverses:** „*Orationes ad benedicendam aquam aspergendam in domo . . . Or. ad barbas tond.*"

---

sententiis quorumlibet pontificum sedes beati Petri apostoli ius habeat resolui. Quam et uox Xpi et apostolica auctoritas et maiorum traditio et canonum fulcit promulgatio ut totam potius ecclesiam semper ipsam diudicet catenet aut resoluat. Inferior enim potiorem absoluere non potest sed potior inferiorem conuenienter absoluit. Proinde inferioris loci pontifices sciant nullatenus potiorem sibi sine prima sede posse resoluere."

[184] Gel. III LIV 725 sq. La même messe se présente, avec une préface, dans le sacramentaire de Gellone (fol. 223ʳ). On la retrouve en partie dans celui de Fulda 2618 sqq.

[185] Voir ce texte dans le Fuldensis 2622.

[186] Les recueils de lectures employés par Tommasi et Vezzosi ni ceux qui ont été publiés ensuite n'indiquent rien, je crois, qu'on puisse rapprocher de ces péricopes spéciales.

Tous ces textes se retrouvent ça et là et tous sont publiés. Je distinguerai quatre groupes pour la commodité de l'analyse et me bornerai à donner les principales références.

1° Bénédictions et exorcismes de l'eau et du sel:

(1) Série de sept formules qui sont réunies, sous des titres identiques, dans le Supplément grégorien: CXIV—CXX[1] 225—227.

(2) Série de cinq formules particulières contre la foudre; la tradition gélasienne les fournit toutes: Gel. III LXXVIII 741; XLVII[1], XLVI[8] 717; LXXVII[1] 741; XLVII[2] 718[187].

(3) Une „benedictio salis ad pecora" (Ds inuisibilis . . .) dont la source ancienne fait défaut; mais elle est jointe aux précédentes formules dans le Fuldensis[188].

2° „Orationes ad clericum faciendum" (fol. 276[r]).

C'est le petit office du Supplément grégorien: LVII 182 sq.; on l'a dès lors, sans changement, dans un grand nombre de recueils[189].

3° Bénédiction d'un puits, des raisins, des fruits nouveaux, du pain et bénédiction commune („ad omnia quac uolueris") (fol. 276[v]).

Tout ce groupe est de même dans le Supplément et sans doute en provient[190]: CXXIII—CXXVII 228 sq.

4° Bénédictions pour la tonsure (fol. 277[v]).

Le premier et le dernier de ces quatre textes ont été fournis par le sacramentaire grégorien; les formules intermédiaires représentent un complément. Le sacramentaire de Fulda les offre de même, mais selon un arrangement de moins bonne tradition[191].

(1) „Or. ad [capillaturam]"[192]: Greg. 265.

(2—3) „Item alia ad tonsorandum" (Dne I. X. qui es caput nostrum . . .) et „Or. post tonsionem" (Benedic dne hunc famulum — in mandatis tuis persistat). Ces deux oraisons sont rapprochées dans l'Ordo de Hittorp; Franz les signale seulement, sans autre explication, dans le rituel de Gundechar (Eichstätt XIe siècle)[193]. Elles remontent nécessairement à la période carolingienne, si même elles ne proviennent pas de quelque témoin de la révision gélasienne; ceci résulte de l'accord précis, sur ce point, du recueil de l'Arsenal et du sacramentaire de Fulda.

(4) „Or. ad barbas tondendas": Greg. 266.

XV: fol. 278[r]—279[v]. **La Messe de mariage:** „Incipit actio nuptialis".
Le titre est celui de la tradition gélasienne[194]. Le sacramentaire gré-

---

[187] En d'autres termes, des messes gélasiennes contre la foudre (XLVI—XLVII) ont été démarquées et leurs oraisons rapprochées d'autres formules spéciales. On retrouve d'ailleurs cet ensemble dans le Fuldensis: 2024, 2026, 2020, 2025, 2023. Dans le Supplément, on a seulement la quatrième, à la suite du premier groupe: CXXI 227.

[188] Fuld. 2033. Elle figure aussi dans le sacramentaire de Bergame 1470. Voir en outre Franz op. l. I 171 (n° 6); mais le contexte est différent.

[189] Cf. Metzger op. l. 1—4.

[190] Seulement, les formules CXXVI et CXXVII sont interverties dans notre recueil.

[191] Les trois premières formules sont groupées sous un titre commun: „Ad pueros tondendos" (2738—2740); la dernière est intitulée à part, comme dans notre recueil: „Ad barbam tondendam" (2741).

[192] Le manuscrit a: capillarum.

[193] Op. l. II 251 (n°s 4 et 5, d'après Hittorp 86).

[194] Gel. III LII 721.

gorien, au contraire, et les livres qui en dépendent intitulent normalement cette messe: „*Oratio ad sponsas benedicendas*" [195], désignant ainsi la formule spéciale ou „bénédiction" qui devait être prononcée à la fin du canon. Néanmoins, c'est bien la messe grégorienne que nous avons ici sans aucun changement, à part l'addition d'antiennes propres (*Deus patrum* . . .) et l'indication de deux lectures, à savoir Is. LXI, 10 et Ioa. III, 27 [196].

La dernière page du volume (278ᵛ) est aujourd'hui complètement illisible; on y voit seulement les traces d'un titre: „*Ad compl.*". Elle offrait en effet la fin de la grande bénédiction (*Deus qui potestate uirtutis* . . .) qu'on commence de lire à la page précédente, puis la dernière oraison de la messe. Le cahier étant d'ailleurs complet, nous avons ainsi la preuve que le manuscrit se trouvait tel depuis longtemps, avant qu'il n'ait été relié de nouveau, apparemment au XVIIᵉ siècle.

Une étude de cette sorte, qui est avant tout documentaire et faite de détails, ne comporte pas, à proprement parler, de conclusion. Mais il peut être utile de rappeler le cas qu'il s'agissait de définir, la méthode employée et les principaux résultats de l'enquête.

J'ai tâché de faire connaître, le plus complètement et le plus nettement possible, un recueil important et complexe, souvent mentionné, parfois mal daté, trop strictement localisé, et qui représente les débuts de toute une catégorie de livres liturgiques, celle des pontificaux, issue du groupe des anciens sacramentaires. Je l'ai décrit longuement et j'ai mentionné, en les replaçant dans leur contexte authentique, les extraits qui en ont été publiés et qu'on aura ainsi l'occasion de relire. Pour mieux faire apprécier les cérémonies dont il est le témoin et les textes qu'il assemble, il m'a fallu citer nombre d'autres recueils plus ou moins traditionnels entre lesquels il s'insère, les uns plus anciens, les autres plus récents, les uns qui lui fournissent sa matière, les autres qui montrent les développements ultérieurs des mêmes sujets.

Si je ne me trompe, le manuscrit de l'Arsenal apparaît désormais dans sa réalité et à sa juste place.

Il a été rédigé, non pas au VIIIᵉ siècle, mais passé la réforme carolingienne, au terme d'un assez long progrès du culte chrétien. Son écriture indique approximativement l'an 900. Le rituel dont il est l'expression porte la même date générale. On n'a pas la preuve qu'il ait été fait pour l'Église de Poitiers. On n'y trouve rien, d'ailleurs, qui reflète les conditions d'une Église particulière. Il est vrai seule-

---

[195] Greg. 244. Le sacramentaire de Cambrai fait exception; il fait lire: „*Orationes ad sponsas uelandas*". Je n'attacherais, pour ma part, aucune importance à cette anomalie, pas plus qu'aux autres singularités de cet étrange recueil dont on n'a pas encore expliqué la rédaction particulière d'une manière satisfaisante.

[196] On lit ensuite cette note: „*Require eas ambas inante*"; le copiste a commis là une confusion, me semble-t-il, supposant que ces lectures étaient comprises parmi celles de la section XIII.

ment de dire qu'il a été composé en France, dans quelque province du centre ou de l'ouest. Paris, Angers ou Bourges répondraient tout aussi bien, si non mieux que Poitiers, à la situation. Au surplus ce volume pourrait avoir été préparé et copié dans un monastère comme un travail délicat d'érudition, sans que sa destination finale ait été encore fixée.

Ce qu'il importe davantage de retenir, c'est son caractère de livre dérivé ou intermédiaire. Il découle presque entièrement de sources romaines et mêle leurs courants. Le sacramentaire grégorien, introduit par Charlemagne, y reparaît; mais aussi, et plus encore, les formules des livres gélasiens que Charlemagne et ses agents avaient eu le dessein d'écarter pour une part et, pour une autre part, de codifier dans le Supplément du sacramentaire grégorien. Ceci explique l'état des textes. Pour ce qui regarde les cérémonies, on s'aperçoit que la tendance originale, formée et réglée tout d'abord à Rome, est déjà considérablement modifiée. Le modèle est de beaucoup dépassé. On est désormais sur la voie qui conduira aux liturgies diocésaines des XIIe et XIIIe siècles, aux innombrables variétés du rit romain dans la chrétienté médiévale.

A cet égard, le recueil liturgique de l'Arsenal est un livre fort instructif et qui valait la peine d'être examiné. Il marque un moment précis et décisif de l'histoire du formulaire et du rituel. Il fait voir aussi que la classe des pontificaux, dont il est l'un des premiers exemplaires, n'est pas vraiment traditionnelle, comme on l'a parfois prétendu, mais une espèce secondaire, incertaine dès ses commencements et destinée à se différencier toujours davantage, jusque vers la fin du moyen âge [197].

---

[197] En décrivant l'*ordo* pour la „pénitence speciale“ (II 1º), j'ai omis d'indiquer qu'une rédaction analogue se trouvait dans le *De diuinis officiis* du Ps. Alcuin c. XIII (*P. L.* 101, 1192—1199). Bien plus, ce chapitre comprend une instruction sur les huit vices (1192 *d*—1195 *b*), qui paraît être en relation avec celle du pontifical (ci-dessus 1º 3 a). Le compilateur du *De diuinis officiis*, qui vivait sans doute au Xe siècle, a donc eu entre les mains un *ordo* pour le *Caput ieiunii*, semblable à ceux des deux missels de Tours employés par Martène, du sacramentaire de Fulda et du „pontifical de Poitiers“.

www.ingramcontent.com/pod-product-compliance
Ingram Content Group UK Ltd.
Pitfield, Milton Keynes, MK11 3LW, UK
UKHW022154170726
13837UKWH00004B/1990